崔慧勇◎编著

从零开始学开公司

·实战案例版·

中国铁道出版社
CHINA RAILWAY PUBLISHING HOUSE

内 容 简 介

创业从来都不是一件简单的事情，在这个创新的"互联网+"时代更是如此。创业者光有激情是不够的，不仅需要很好的准备、管理、营销、团队及盈利模式等，还要掌握创业实战的各种技能，洞察创业过程中潜藏的风险与危机。

本书基于创业者的实际创业过程和需求，囊括了创业各个阶段所需的团队、财务、经营、营销、融资、管理等方面的核心方法与技巧，分享创业成功者的制胜秘诀，全面解析创业必须掌握的商业常识，规避创业陷阱与误区，让读者在创业路上实现从 0 到 1 的成功跨越。

图书在版编目（CIP）数据

从零开始学开公司：实战案例版/崔慧勇编著.—北京：中国铁道出版社，2017.9

ISBN 978-7-113-22920-7

Ⅰ.①从… Ⅱ.①崔… Ⅲ.①公司－企业管理 Ⅳ.①F276.6

中国版本图书馆 CIP 数据核字（2017）第 052309 号

书　　名：	从零开始学开公司（实战案例版）		
作　　者：	崔慧勇 编著		

策　　划：苏　茜		读者热线电话：010-63560056	
责任编辑：张　丹			
责任印制：赵星辰		封面设计：**MXK** DESIGN STUDIO	

出版发行：中国铁道出版社（北京市西城区右安门西街 8 号　　邮政编码：100054）

印　　刷：三河市兴达印务有限公司

版　　次：2017 年 9 月第 1 版　　　　2017 年 9 月第 1 次印刷

开　　本：700mm×1000mm　1/16　印张：15.25　字数：424 千

书　　号：ISBN 978-7-113-22920-7

定　　价：45.00 元

"今天很残酷，明天更残酷，后天很美好，但绝大部分人会死在明天晚上。"残酷而又充满机会的"互联网+"时代已经到来，马云活了下来，成为创业者们梦想中的财富奇迹。可谁又能想到他成功背后的辛酸艰辛呢？毕竟市场不是乱世的江湖，创业不是侠客的游历。创业之路充满未知的各种险阻，你是否充分考虑过自己有足够的准备面对这一切了呢？

创业者光有激情是不够的，它需要很好的准备、管理、营销、团队及盈利模式等。所以说，创业从来不是一件简单的事情，从创业的第一天起，你每天面对的就是困难和挑战，如何顺利创建公司，如何成功获得项目启动资金，如何创建企业团队和制度，如何运用营销技巧实现企业利润最大化，如何架构起具有独特核心竞争力的运营体系……这些都是创业者想做到从 0 到 1 的跨越而又不得不面对的问题。

在创业的路上，但只要有梦想，只要不断努力，积极探索，永不放弃，就一定有机会成为成功的创业者。本书即可充当你的创业秘籍和高参，为你在创业过程中遇到的各种问题指点迷津。

本书写了什么？

本书共分为 8 章，从公司注册、团队管理、财务管理、经营管理、营销策略、客户管理、创业融资、诚信纳税，到规避创业误区，从创业者的角度出发，循序渐进地解读在创业各个阶段中需要必备的常识，同

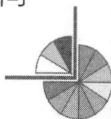

时结合相关经典案例，帮助创业者把握要领，领会其中的精要。

本书有什么特色？

⊙ **全面详尽，通俗易懂**：本书涉及创办企业的各个方面，帮助读者从零开始掌握企业从创办到经营管理各个环节的必备常识。

⊙ **重在干货，实用性强**：本书从实用的角度出发，摒弃"假、大、空"的套话，以"经典案例＋导师指津"的方式，为读者解答创业中可能会遇到的各种问题。

⊙ **与时俱进，成功秘籍**：本书介绍了当今"互联网＋"时代下的创业潮流与企业经营之道，能让读者掌握目前最新高端的大数据下的新商业，时刻走在时代的前列。

谁适合阅读本书？

如果你怀有创业梦想，正想跃跃欲试，本书将指导你从零开始，顺利起航自己的创业项目。

如果你在创业的道路上举步维艰，始终不得要领，本书无疑会为你指点迷津，帮助你迅速掌握最基本的企业经营常识，掌握实用的经营策略。

如果你的企业已经颇具规模，在经营中不时地遇到困难，本书将为你拨云见日，引领你智慧地经营企业，将企业做得风生水起。

编　者

2017 年 6 月

从零开始学开公司（实战案例版）

CONTENTS

从零开始学开公司（实战案例版）

目 录

第二章 人才乃取胜之本，跟不靠谱的队友说"不"

——创业团队

第五章　如何留住客户又保持利润 ——客户管理

第八章　"互联网+"下的创业密码 ——互联网思维

以下拓展内容，请扫描二维码阅读 PDF 文件

扫一扫，看 PDF 文件

附录 A　创业靠的不是技术，而是谋略——创业理念

附录 B　创业要充分准备，才能有前途——创业准备

附录 C　用经营把管理做简单——经营管理

附录 D　创业失败的 13 种常见死法——创业误区

第一章

创业者注册公司不再一企难求
——公司注册

原来很多创业者在开始创业时，都会面临一个窘境，那就是注册难。但是随着国家政策的不断改革，已经出台了很多帮助创业者注册公司有利的措施。让创业者不再茫然，注册公司也不再陷入一企难求的境地。

创业导师观点分享：马化腾 腾讯董事长

对于创业，一是不要一开始就设定宏伟目标，而是要把目标放到最低，事情是一点点细致做出来的。只要埋头过完自己的坎，自然会有人分心落后；二是要看做的事情有没有用户价值，只要事情做对了成本就不会太高，有价值、不放弃就肯定有回报；三是产品打磨得好用一点，用户自然会体会到你的心意。

一、公司注册：新改革驱动万众创业

注册公司是指按照公司法的规定经核准登记注册而成立的公司。

公司注册登记是指公司在设立、变更、终止时，依法在公司注册登记机关由申请人提出申请，主管机关审查无误后予以核准并记载法定登记事项的行为。

对于公司的设立采准则设立主义原则的国家和地区，一般同时采取公示主义对公司进行登记注册。

虽然注册公司现在已经不是难事，但是创业者要根据自己的实际情况决定是否注册。如果盲目注册自己的公司，不仅会赔钱，甚至会折损自己创业的信心。

经典案例

邢冲在 2014 年 6 月 27 日将从中国农业某银行开具的 999 万元人民币虚假进账单提供给某审计师事务所，骗取了虚假的验资报告，并依此报告从工商行政管理部门办理了烟台市三木物资有限公司的注册登记手续，领取了营业执照。

事发后，邢冲因涉嫌虚报注册资本罪被立案侦查，并于 2015 年 2 月 24 日被烟台市莱山区人民检察院提起公诉，以虚报注册资本罪判处有期徒刑 1 年 6 个月，并处罚金 30 万元。

对于注册公司，创业者还是要保持冷静。不要因为一时头脑发热做出违法的事情。这样做最终害了自己，也会让自己的心血付之东流。

导师指津

对于公司注册的流程，很多创业者并不是很清楚，在这里我们就将对注册流程进行讲解：

第一步	核名	第四步	办理组织机构代码证
第二步	领取营业执照	第五步	办理税务登记证
第三步	刻章	第六步	到银行开立基本户

二、申请名称：给公司起个好名字

公司名称对一个企业将来的发展而言是至关重要的，因为公司名称不仅关系到企业在行业内的影响力，还关系到企业所经营的产品投放市场后，消费者对该企业的认可度；品牌命名或公司名称过程符合行业特点、有深层次的文化底蕴、又是广大消费者熟知的、有中国特色的名称时，再也找不到第二名称时，企业的竞争力就明显的区别于行业内的企业，为打造知名品牌奠定了基础。

公司名称字虽不多，但意义万千，它远远超越了几个字的框架。作为企业字号，它体现了企业的信任度、核心竞争力、商誉，以及名称暗含的阴阳原理和它未来发展的健康性。

在同一行政区划内的相同或类似行业公司不得注册相同或类似名称，除非得到在先使用相同或类似名称的公司的同意函。所谓相同或类似名称，实践中是指包含两个或以上相同连续的字（举例：ABC 和 BCD 是类似名称，ABC 和 ABD 是类似名称，依此类推（此 ABCD 只是指代，注意正式的中国公司名称只能使用汉字）。而行业是否类似很多情况下则要看当地工商局的把握了。

经典案例

无锡万众科技公司总经理李世庆："我们是 IT 硬件设备制造企业，在刚成立时，这个行业已经发展到一定阶段。当时，在无锡出现这样一种情况，IT 硬件企业稍微做大一些就分家，几乎所有的同类公司，都是从原来的几家公司中分化出来形成的。我当时就认为，关键成员和中坚力量的团结与稳定对这个行业尤为重要，于是给公司取名'万众'，就是包含了自己的这种想法，寓意创业团队要'万众一心'，只有这样才能将企业做大做强。"

因此，创业者在给自己的公司取名字时要根据自己的情况，取一个具有纪念意义和振奋人心作用的名字，一个公司的名字也表达出整个公司的文化。

导师指津

注册公司取名和核名时有很多注意事项，如果我们能遵守好这些注意事项的内容，那我们在核名时即可在很大程度上降低名称被驳回的概率。

市场主体名称应当符合国家有关规定，市场主体只能使用一个名称，并经工商部门核准登记。投资人选择名称时，应当注意下列事项：

（1）名称中不得含有以下内容或文字：外国国家（地区）名称、国际组织名称；政党名称、党政军机关名称、群众组织名称、社会团体名称及部队番号；汉语拼音字母、阿拉伯数字；有损于国家、社会公共利益的内容或文字；可能对公众造成欺骗或误解的内容或文字；其他法律、行政法规规定禁止的。

（2）新设企业办理名称预先核准的，如股东均为自然人，应当委托股东之一或有资质的登记注册代理机构办理申请手续。

（3）名称核准通知书的领取人应为《企业名称预先（变更）核准申请表》中记载的委托人，如领取人发生变化的，应当由企业或全体股东重新出具委托意见。

（4）为降低重名的几率，建议选择3个或4个以上汉字作为企业名称中的字号。

（5）名称有效期为自名称核准之日起6个月，请关注届满日期，可在届满日期前向名称核准机关申请一次名称延期。

（6）预先核准的企业名称只能延期一次，如延期后再次届满仍未登记，则应该重新申请名称预先核准。

（7）因名称预先核准阶段不对企业拟定住所进行审查，而是在设立登记阶段审查其是否符合要求，因此请申请人认真阅读住所（经营场所）注意事项。

三、注册资本 VS 注册资金：区分有方法

注册资本也叫作法定资本，是公司制企业章程规定的全体股东或发起人认缴的出资额或认购的股本总额，并在公司登记机关依法登记。

注册资金是国家授予企业法人经营管理的财产或者企业法人自有财产的数额体现。

注册资本与注册资金的概念有很大差异。注册资金所反映的是企业经营管理权；注册资本则反映的是公司法人财产权，所有的股东投入的资本一律不得抽回，由公司行使财产权。

注册资金是企业实有资产的总和，注册资本是出资人实缴的出资额的总和。注册资金随实有资金的增减而增减，即当企业实有资金比注册资金增加或减少20%以上时，要进行变更登记。而注册资本非经法定程序，不得随意增减。

经典案例

下面以注册一家网络公司为例，介绍如何考虑注册资金。一般来说，注册资金需要考量以下因素：

（1）注册资金越多，验资和相关审计费用越高，所以必要的情况下可以尽量少一点。而且现在审计比较严格，往往需要你实到资金，所以没有那么多资金，但注册资金写高了，可能公司注册不下来。

（2）如果预期需要资金量比较大，且日后可能增资，建议注册资本一次到位，增资比较麻烦，且可能增资还要交很多税。

（3）有些业务的营业范围和注册资金多少有关系，达不到必要的注册资金门槛，营业执照就不能写这个营业范围，你签合同和开发票就很麻烦，有些正规的大客户和你签订合同时看你营业执照，没有这个营业范围的话，就不能和你签订合同了。所以，先了解清楚你业务需要的注册资金门槛是多少。

（4）做网站的话，参考自己的网站性质需要申请不同的牌照，而申请牌照也有注册资金门槛。例如，申请 ICP 证需要注册资金达到 100 万元，视频牌照需要 1 000 万元，游戏牌照更高。

![导师指津]

很多创业者应该已经了解，自 2014 年 3 月 1 日以前，我国的公司注册资本开始实行实缴制，即公司登记时要提交具有法定资格的会计师事务所出具的验资报告。

如果报告是假的，事务所连座违法责任。并且实缴制有严格的分期交付时间，必须提交验资证明，客观上使得市场主体的社会信用以注册资本金额的高低来衡量，容易产生"两虚一逃"、注册资本信用泡沫、交易风险等社会问题。

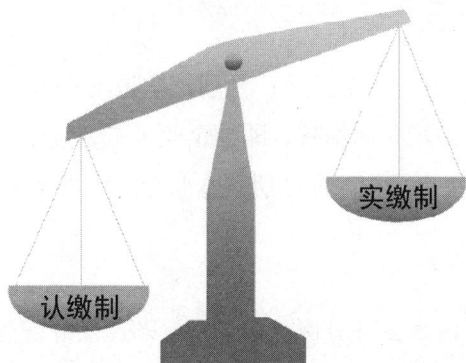

注册资本制度改革以后，公司注册资本实行认缴，所谓认缴，就是股东认可多少是多少，什么时候资金到位股东之间约定，这就令公司之间合作要慎重。

注册资本认缴制度，在减轻企业注册压力的同时更有利于构建真实可靠的社会交易安全和诚信体系，更好地实现债权人利益保护。

四、工商登记：程序简化助力百姓创业

工商登记是政府在对申请人进入市场的条件进行审查的基础上，通过注册登记确认申请者从事市场经营活动的资格，使其获得实际营业权的各项活动的总称。

2013 年 3 月 10 日提请十二届全国人大一次会议审议的国务院机构改革和职能转变方案提出，要改革工商登记制度，将"先证后照"改为"先照后证"，将注册资本实缴登记制改为认缴登记制，并放宽工商登记其他条件。

创业者准备申办工商营业登记时，一定记得不要让其他人代签名盖章，也不要代其他股东签名盖章；不要使用其他人身份证明作为股东证明进行登记，也不要允许他人使用你的身份证明去登记办企业；不要耽搁年度报告，也不要找人随意填写年度报告，否则后患无穷。

经典案例

2015 年 6 月 3 日，广西首批"一照一码"营业执照在宾阳县政务中心发放。此举标志着我区工商登记制度改革成功"破冰"，各部门携手搭台助力创业创新正成为一种新常态。

轻松拿到"一照一码"营业执照，许多企业老板感慨地说："以前办理工商营业执照、税务登记证和组织机构代码证要跑几个部门，重复提交材料，来回反复跑很麻烦，现在一个窗口即可办理，方便又快捷。"

"一照一码"的改革，就是把工商、税务、质监的"三证三号"合并为"一照一码"，形成"一窗受理，互联互通，信息共享，联动办理，限时办结，核发一照"的办证模式，达到方便企业办事、简化登记手续、优化审批流程、降低行政成本的目的。

自从 2014 年 6 月份国家层面首次正式提出"三证合一"登记制度改革以来，我区立足全局，积极谋划、调研、协调，确立"试点先行、逐步推广、稳步推进"工作思路，先后在防城港、南宁经济开发区、北海、钦州、宾阳等地先后开展不同形式的"三证合一"或"一照一号"试点工作，群众关注度高，社会反应良好。

随着改革不断深入推进，"三证合一"和"一照一码"已给我区企业注册便利化带来全新的变化，极大地提高了全社会投资创业热情，激发了市场活力，市场主体呈现快速、健康发展的良好态势。据统计，截止到今年 5 月 31 日，我区实有企业户数达 48.38 万户，同比增长 19.62%，其中新登记企业 11.44 万户，同比增长 29.24%，新登记企业的注册资本总额达 5377.48 亿元，同比增长 74.97%。新登记公司制企业 8.92 万户，同比增长 66.93%，注册资本 4902.05 亿元，同比增长 91.93%。

导师指津

工商登记制改革后，"先照后证"对于创业者有什么好处？

1. 先证后照

要点：要先到主要部门取得行政许可证，才能到工商部门申办营业执照。

困难：在等待许可过程中，创业者往往难以开展前期筹备工作。

"先证后照"有诸多弊端："证"的审批往往要求具备相应的场地、设备、专业人员资质等，而因尚未取得营业执照，没有主体资格，就无法以市场主体的身份租赁场地、采购设备或签订用工合同等，又难以满足办"证"所需条件，经常出现证照互为前提的困局。

其次是审批事项多而不清，审批成本高，时限长。而且市场监管效能也偏低。

2. 先照后证

要点：创业者只要到工商部门领取一个营业执照，即可从事一般性的生产经营活动，如果从事需要许可证的生产经营活动，再向主管部门申请。

便利：在等待许可证期间，创业者可以着手开展一些筹备工作。

五、前置审批：项目的"把关人"

工商登记审批程序分为前置和后置。前置审批是你在办理营业执照前需要先去审批的项目，也就是在你查完公司名称后就要去有关部门审批，审批完后再办理工商营业执照。

2014 年 11 月 5 日，国务院常务会议，决定削减前置审批、推行投资项目网上核准，释放投资潜力、发展活力；部署加强知识产权保护和运用，助力创新创业、升级"中国制造"。

目前涉及到前置审批的网站有：出版、电子公告服务、广播电影电视节目、教育、文化、新闻、药品和医疗器械，医疗保健。

经典案例

相关方案提出，除涉及国家安全、公民生命财产安全等外，不再实行先主管部门审批、再工商登记的制度，商事主体向工商部门申请登记，取得营业执照后即可从事一般生产经营活动；对从事需要许可证的生产经营活动，持营业执照和有关材料向主管部门申请即可。

前不久，张丽开了一家小饭店，"各种卫生许可证、从业人员的健康证一堆琐事真不少。"张丽说小微企业创业者得先去找前置审批部门，取得他们的同意才能到工商部门办理执照。

沈阳市工商系统一专业人士介绍，一些小微企业的创业者到前置部门去办审批，面临着大量的时间和精力的消耗。而改革工商登记制度后，除涉及国家安全、公民生命财产安全等外，创业者只要到工商部门领取一个营业执照，即可从事一般性的生产经营活动，如果要从事需要许可证的生产经营活动，再向主管部门申请。

在等待许可证期间，创业者可以着手开展一些筹备工作，这就为企业先期发展争取了大量时间。

导师指津

网站备案前置审批流程如下：

（1）注册一个用户名，由于这个用户很容易就被遗忘，所以建议使用域名_后缀的方式。

（2）手机最好用移动的手机，似乎联通的手机经常收不到验证码。同样，邮件也填写肯定能用的邮箱。注册以后，回到首页登录，会提示输入手机验证码和邮件验证码。

网站备案是指向主管机关报告事由存案以备查考。从行政法角度看备案，实践中主要是《立法法》和《法规规章备案条例》的规定。

网站备案的目的就是为了防止在网上从事非法的网站经营活动，打击不良互联网信息的传播，如果网站不备案的话，很有可能被查处以后关停。

六、验资：令人不安的审验

验资，是指注册会计师依法接受委托，对被审验单位注册资本的实收情况或注册资本及实收资本的变更情况进行审验，并出具验资报告。

验资分为设立验资和变更验资。验资是注册会计师的法定业务。《中华人民共和国注册会计师法》明确将验资业务列为注册会计师的法定业务之一。

因此，企业（个人独资企业、合伙企业等工商登记机关不要求提交验资报告）在申请开业或变更注册资本前，必须委托注册会计师对其注册资本的实收或变更情况进行审验。

开验资户后，把验资款转款到验资户时，要注意两点：一是必须是以投资人名称为开户名的银行账户转款到验资专户上，并且对于同一个投资人，必须一次性将款项全部打入；二是打款用途要写明是投资款。

经典案例

某公司原为法人甲和自然人乙组成的 200 万元投资有限责任公司，原注册资本和实收资本都是 200 万元，其中货币出资 100 万元，实物出资 100 万元，各占 50%。2006 年某月，该公司拟吸收新的投资者丙和丁（均为自然人），新增股东共出资 200 万元，组成由甲、乙、丙、丁共同出资组建的有限责任公司，现委托某会计师事务所正在进行增资验资。

修改后的该公司章程规定的注册资本为 400 万元，其中，原甲方已实物出资 100 万元，占注册资本的 25%；原乙方已货币出资 100 万元，占注册资本的 25%；新投资者丙方以货币资金出资 40 万元，占注册资本的 10%；由于丙方不在本市，已将投入货币资金 40 万元缴存丙方所在地的银行（异地银行）；新投资者丁方为本市常住户口，投入资本为 160 万元，为投资者所拥有的房屋出资，已书面同意办理产权转移手续，投资额占注册资本的 40%。

该公司提供了相关的新增验资资料，如注明上述投资款 40 万元的银行对账单、进账单，经核对外地银行函证与该公司提供的银行对账单和进账单一致无误；该公司还提供了关于同意办理房屋产权转移手续的说明，说明该房屋现为丁方所有，三年前购买，四方股东均已确认该房屋作价 160 万元，由股东会议决议，虽然还没有经过专业的资产评估机构评估，也没有提供资产评估报告，但该公司有修改后的章程、出资人协议和董事会决议等有关企业提供的文本资料。

修改后的该公司章程与董事会决议载明，增资后，该有限责任公司注册资本和实收资本都是 400 万元，其中：甲方出资 100 万元，占注册资本的 25%；乙方出资 100 万元，占注册资本的 25%；丙方出资 40 万元，占注册资本的 10%；丁方出资 160 万元，占注册资本的 40%。上述出资额中货币出资 140 万元，占 35%；实物出资 260 万元，占 65%如此等。

从现象上看，上述事项的验资业务似乎已经符合了验资的有关要求，但由于该项业务发生在 2006 年年初，新的公司法等新的规定已经出台，对如何审验新增资本有新的规定，应当按照新的要求规范操作。

导师指津

注册公司验资的基本办理流程为：

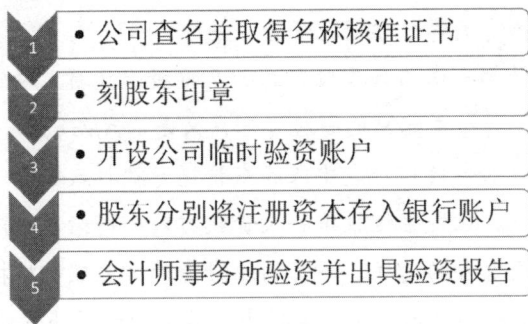

1. • 公司查名并取得名称核准证书
2. • 刻股东印章
3. • 开设公司临时验资账户
4. • 股东分别将注册资本存入银行账户
5. • 会计师事务所验资并出具验资报告

七、验资户：公司规模的标识

银行验资户属于临时存款账户的一种。临时存款账户是存款人因临时需要并在规定期限内使用而开立的银行结算账户。

顾名思义验资户就是在企业注册验资期间为此而临时开立的账户，注册验资的临时存款账户在验资期间只收不付，注册验资资金的汇缴人应与出资人的名称一致。

验资过程完成后，验资户一般应该注销（如果是分批次验资的可以考虑暂时不注销）。当然，开立银行验资账户需要相应的资料。

公司验资户必须在各大银行支行设立，公司基本户可以在各大银行任何网点设立，如果公司办公地址附近没有支行，建议在附近先选好设立公司基本户的网点，再到该银行的支行设立公司验资户，方便日后办理银行业务。

经典案例

某公司的股东借用了公司资金作为增资使用，但是增资完成后，验资户的钱直接转到了基本户，这笔钱股东随时可以动用吗？

在货币资金验资过程中开设验资专用账户完全是为了规范公司运作，防范验资风险。有的出资人（股东）不理解为什么必须要将投资款专户存储在规定的银行账号而暂时不能动用这笔验资资金；还有人认为将投资款打入规定的验资专户以后才能办理有关验资手续是多此一举，太麻烦了。

尤其是在办理增资验资之前，一些股东已经将投资款打入公司的结算账户，甚至已经动用了这笔增资资金，然后要求会计师事务所根据结算户上曾经出现过的投资款记录等有关资料办理增资验资手续。

个别注册会计师也认为只要股东真的是将投资款打入被审验公司的银行户头里面即可，至于是结算账户还是验资专户只是形式而已。

于是出现了注册会计师一定要求股东将投资款打入验资专用账户以后才可以办理验资的情况，也发生过股东将投资款打入公司结算户以后还没有等到完成验资手续就抽走资金的情况。还有的注册会计师竟然会根据不是存储在验资专用账户里的验资款项就出具了验资报告，甚至出现了违规情况。

导师指津

很多创业者都会有这样的疑问，在办理公司注册时，验资户里的资金等营业执照出来后可以拿出来用吗？

验资账户中的资金属于冻结资金，是不能随意提取的。要等公司税务证出来后，开立了公司的基本账户，才能将验资户的款项转到基本账户，并以备用金的形式提取使用。

八、营业执照：公司经营的通行证

营业执照是企业或组织合法经营权的凭证。营业执照的登记事项为：名称、地址、负责人、资金数额、经济成分、经营范围、经营方式、从业人数和经营期限等。

营业执照分正本和副本，两者具有相同的法律效力。正本应当置于公司住所或营业场所的醒目位置，营业执照不得伪造、涂改、出租、出借、转让。

营业执照的正副本是具有同等法律效力的，在实质上是没有区别的。如果讲区别，那仅仅是外表的形式而已。在使用方面，正本必须悬挂在经营场所的明显处，否则你可能因未悬挂执照而受到处罚；副本一般用于外出办理业务用的，比如，办理银行开户许可证、企业组织机构代码证、税务登记证、签订合同等。

经典案例

雪松公司与浙江东方物产食品有限公司桐庐养殖场之间有玉米饲料的买卖业务往来，桐庐养殖场一直由吴军负责经营。

直到 2007 年 3 月 7 日，吴军出具欠条载明尚欠雪松公司 225 500 元，此后吴军通过个人银行账户支付了 100 000 元，但余款 125 500 元一直没有支付。为此雪松公司诉到某基层人民法院，要求吴军支付货款 125 500 元。

吴军辩称：其是浙江东方物产食品有限公司桐庐养殖场负责人，负责与原告的业务往来，该笔欠款应向养殖场追讨，向其个人追讨没有依据。为此提供证据如下：

（1）工商登记材料；

（2）原告与养殖场签订的 2000 年~2005 年的供货合同 2 份；

（3）欠款对账单 3 份；

（4）2005 年的送货单 22 份。

一审法院认为：吴军以个人名义出具欠条的行为，可以表明是其个人所欠，也可以是代表公司所出具；而吴军提供的证据能够证明雪松公司与浙江东方物产食品有限公司桐庐养殖场之间存在买卖合同关系，吴军又是养殖场的负责人，吴军在合同签订及履行过程中存在代表养殖场与原告签订合同并进行结算的职务行为，故可认定其出具欠条的行为是代表养殖场所为。

因此，一审法院认为吴军出具欠条的行为是养殖场的真实意思表示，表明养殖场承认尚欠原告货款；吴军的行为属于职务行为，该欠款的偿还责任应由养殖场承担。一审判决驳回雪松公司的诉讼请求。

雪松公司不服判决向二审法院提出上诉，认为浙江东方物产食品有限公司桐庐养殖场的上级单位浙江东方物产食品有限公司已经于 2002 年 10 月 8 日被吊销营业执照，并且于 2005 年 8 月 27 日已经注销。

养殖场于 2005 年 10 月 8 日被吊销营业执照，已经不能开展任何经营活动，而雪松公司主张的货款系发生在 2005 年 12 月 31 日以后，吴军的欠条并非以企业名义出具，而是以其个人名义出具的。要求二审法院撤销一审判决，依法支持雪松公司的一审诉讼请求。

虽然养殖场被吊销营业执照，但其公章及其他经营手续还在企业，客观上企业还在开展经营活动。同时由于养殖场之前和雪松公司之间有业务关系，而吴军是养殖场的负责人，因此出具的欠条是职务行为。

导师指津

创业者在办理营业执照或者办理完之后需要注意以下问题：

1. 企业应在取得营业执照之日起一个月内办理国税、地税税务登记。
2. 企业取得国税登记证一个月内办理一般纳税人申请手续。
3. 企业在领取税务登记证的当月开始国税、地税的纳税申报工作。
4. 高新技术企业享有营业税和企业所得税的税收优惠政策。

九、注册商标：公司独一无二的标志

注册商标是一种法律名词，是指经政府有关部门核准注册的商标，商标申请人取得商标专用权，注册商标享有使用某个品牌名称和品牌标志的专用权，这个品牌名称和品牌标志受到法律保护，其他任何企业都不得仿效使用。受法律保护，商标注册人享有商标专用权。

注册商标是指已获得专用权并受法律保护的一个品牌或一个品牌的一部分。注册商标是识别某商品、服务或与其相关具体个人或企业的标志。

中国商标法实施条例规定，使用注册商标，可以在商品、商品包装、说明书或者其他附着物上标明"注册商标"或者注册标记。注册标记包括（注外加○）和(®)。使用注册标记，应当标注在商标的右上角或者右下角(其中，R 是 register 的缩写)。有的商标右上角加注 TM，TM 是 trademark 的缩写，美国的商标通常加注 TM，并不一定是指已注册商标。

经典案例

老麻抄手因为味道好吸引了众多顾客，排着队都要吃，名誉横空出世！但有段时间有人反应老麻抄手味道一般或者是根本没传说中的那么好吃。导致名誉大大降低，这是因为有太多人想借助老麻抄手的招牌来卖根本不是老麻抄手的抄手。所以味道当然不一样，这说明你不保护自己的商标就会被别人盗用名誉，名誉自然会受到损坏！

老麻抄手的创始人不想看到自己的心血被这样毁掉。于是向当地商标事务所提出申请办理老麻抄手的商标！

结果在查询时惊奇地发现老麻抄手已经被注册了，而且是黑龙江的一位女士，创作人是山东的，不知道是名誉传到黑龙江了还是这位女士随意注册了这个商标，这下老麻抄手创始人意识到不是说注册费那么便宜了，于是就去跟那位女士谈判，果然，由于价格意见不一，始终未定。

经过创始人跟女士两年的谈判最终谈妥，自家的东西，就因为起初没有意识到要注册商标，导致自己花高价钱买下了这个商标，商标终于回归到了创始人手中。

导师指津

创业者在申请注册商标时，需要注意以下 3 个问题：

1. 只有具有以下条件的个人或团体才可在我国提出商标申请

申请人必须是：依法成立的企业、事业单位、社会团体、个体工商业者、个人合伙或者与中国签署协议或与中国共同参加国际条约或按照对等原则办理的国家的外国人或者外国企业。

2．按照商品与服务分类提出申请

我国商标法执行的是商品国际分类，它把一万余种的商品和服务项目分为 45 类，其中，商品 34 类，服务项目 11 类。申请商标注册时，应按照商品与服务分类表的分类确定使用商标的商品或服务类别。

3．商标申请日的确定

确立申请日非常重要，由于我国商标注册采用申请在先原则，一旦发生申请日的先后成为确定商标权的法律依据，商标注册的申请日以商标局收到申请书件的日期为准（日期的最小单位为'日'）。

十、基本户：存款人的主办账户

基本户是办理转账结算和现金收付的主办账户，经营活动的日常资金收付及工资、奖金和现金的支取均可通过该账户办理。

存款人只能在银行开立一个基本存款账户，开立基本存款账户是开立其他银行结算账户的前提。

开发个人基本账户，至少要处理好以下三项业务的关系：一是与现有储蓄业务的关系。二是与现有信用卡业务的关系。三是与信贷、房贷业务的关系。

导师指津

基本户与一般户的区别？

开设一般户需要先开基本户，因为需要基本户的开户许可证才能开一般账户。基本户只能开一个，可以用来提现、发放工资、转账等，一般账户不能提现只能转账。

基本户：基本户是办理转账结算和现金收付的主办账户，经营活动的日常资金收付及工资、奖金和现金的支取均可通过该账户办理。

　　一般户：即一般存款账户，是指存款人因借款或其他结算需要，在基本存款账户开户银行以外的银行营业机构开立的银行结算账户。本账户可办理转账结算和现金缴存，但一般存款账户只能存款。

十一、银行结算账户：存款人专用结算的账户

　　银行结算账户，是指存款人在经办银行开立的办理资金收付结算的人民币活期存款账户。

　　银行结算账户按照存款人不同分为单位银行结算账户和个人银行结算账户。存款人以单位名称开立的银行结算账户为单位银行结算账户。存款人以个人名义开立的银行结算账户为个人银行结算账户。

　　银行是指在中国境内经中国人民银行批准经营支付结算业务的政策性银行、商业银行（含外资独资银行、中外合资银行、外国银行分行）、城市商业银行、农村商业银行、城市信用合作社、农村信用合作社。

　　存款人更改名称，但不改变开户银行及账号的，应于 5 个工作日内向开户银行提出银行结算账户的变更申请，并出具有关部门的证明文件。

导师指津

　　申请人在申请撤销银行结算账户时有哪些要求？

　　首先要做的就是要与开户行核对结算账户的存款数额，在经过开户行审核同意以后，才可以办理相应的销户手续，同时还要把各种重要的空白票据或是结算凭证及开户登记证明交回开户行。

　　如果存款人还没有还完开户行的债务的款项时，是不能办理相应的撤销手续的，开户行可以对一年内所发生的业务，自存款人发出通知 30 日内来办理相应的销户手续，如果是过期没有办理，可以视同为自愿销户处理，未划转的款项可以列入专项账户来进行管理。

十二、公司变更：企业登记事项的变化

公司变更是指公司设立登记事项中某一项或某几项的改变。公司变更的内容，主要包括公司名称、住所、法定代表人、注册资本、公司组织形式、经营范围、营业期限、有限责任公司股东或者股份有限公司发起人的姓名或名称的变更。

公司变更设立登记事项，应当向原公司登记机关即公司设立登记机关申请变更登记。但公司变更住所跨公司登记机关辖区的，应当在迁入新住所前向迁入地公司登记机关申请变更登记；迁入地公司登记机关受理的，自原公司登记机关将公司登记档案移送迁入地公司登记机关。未经核准变更登记，公司不得擅自改变登记事项。

公司名称满一年以上才可能变更；公司变更名称的，应当自变更决议或者决定做出之日起 30 日内申请变更登记。

经典案例

某私营企业家创办两个独立的法人企业，一个是技术开发公司，另一个是信息开发公司。员工王谦原在技术开发公司工作，两年后被技术开发公司解聘，然后被信息开发公司招聘为技术员。信息开发公司曾先后两次变更企业法人名称，而王谦自招聘起始终在该公司工作。

后来，王谦因为生病住院，但医疗期满后，因无法全日制上班，与信息开发公司协商，改为半天制工作模式，薪金也只领取半天的薪金。

三个月后，信息开发公司以王谦已无法适应和胜任当前公司及部门的各项工作为由，解除与王谦的劳动合同关系。

王谦认为，信息开发公司单方面解除劳动合同，应从其到技术开发公司工作之日起到信息开发公司解除劳动合同之日止作为计算支付解除劳动合同经济补偿金的工作年限，因为技术开发公司和信息开发公司都是同一企业家创办的。

但是，信息开发公司提出，王谦是被技术开发公司解除劳动合同后才被信息开发公司招聘，王谦这种要求没有道理。

最后，劳动争议仲裁委做出仲裁结果：经劳动争议仲裁委审理，裁决信息开发公司应承担王某在本公司更名前招聘之日起，计算本单位工作年限发放经济补偿金 2 100 元。对王谦提出在技术开发公司工作的年限由信息开发公司一并计算支付经济补偿金的请求不予支持。

导师指津

公司申请变更登记，应当向公司登记机关提交下列文件：

（1）公司法定代表人签署的变更登记申请书；

（2）依照公司法作出的变更决议或者决定；

（3）国家工商行政管理总局规定要求提交的其他文件。公司变更登记事项涉及修改公司章程的，应当提交由公司法定代表人签署修改后的公司章程或者公司章程修正案。变更登记事项依照法律、行政法规或者国务院决定规定在登记前须经批准的，还应当向公司登记机关提交有关批准文件；

（4）涉及股权转让和交换的需要签订股权转让合同书，需要新旧股东签字；

（5）变更后股东为夫妻的，需要补签夫妻财产分割证明。

十三、组织机构代码证：企业经济活动的通行证

组织机构代码是国家质量技术监督部门根据国家标准编制，并赋予每一个机关、事业、企业单位、社会团体、民办非企业单位和其他机构颁发的全国范围内唯一的、终身不变的法定标识，覆盖所有单位（包括法人和非法人及内设机构），是连接政府各职能部门之间的信息管理系统的桥梁和不可替代的信息传输纽带。

组织机构代码证目前已在工商、税务、银行、公安、财政、人事劳动、社会保险、统计、海关、外贸和交通等 40 余个部门广泛应用，已成为单位在进行社会交往、开展商务活动所必需的"身份证明"。

代码证对一个单位来说非常重要。例如，企业在经营过程中，由于涉及转账问题，需要向银行申请一个基本账户，作为结算账户，只有在这个基本账户的基础上，企业才能申请一般账户，才可以购买现金支票。而申请办理这两种账户时都必须向银行提供组织机构代码证等相关资料。

张某的组织机构代码证 2014 年 12 月到期，在 2014 年 5 月年检过一次，再去办理年检，工作人员看了下证，就让他回去找公司出一份原因说明，并交 1 000 元罚款。张某当时根本没有理论的机会，觉得很气愤，认为这种做法不合法。

一般组织机构代码证过期是可以到技术监督局补办的，要带上自己的营业执照。通常情况下是没有罚款的。

导师指津

组织机构代码证办理的程序为：

1. 申请，申请人向质检窗口提交申请材料。

2. 申请受理（1 个工作日）。

3. 审核、办理（1 个工作日）。

4. 组织机构代码证书加盖年审合格章。

5. 申请人登记、签字，领取《组织机构代码证》正、副本。

十四、税务登记：厘清税务登记的盲点

税务登记又称为纳税登记，是指税务机关根据税法规定，对纳税人的生产、经营活动进行登记管理的一项法定制度，也是纳税人依法履行纳税义务的法定手续。

税务登记的种类分为设立税务登记、变更税务登记和注销税务登记三种。

创业者在取得营业执照 30 日内必须办理税务登记证。办理税务登记证前要先办理组织机构代码证，开立银行基本户。

经典案例

王斌经营着一家烟酒零售店，最近他刚刚将店铺转让给一位朋友。王斌的朋友嫌麻烦不愿办理税务登记证，准备直接借用王斌的税务登记证，王斌不好拒绝又担心有问题，于是专门到税务机关进行咨询。

税务人员告诉王斌税务登记证是绝对不能转借的。根据《中华人民共和国税收征收管理法》的规定，第十八条纳税人按照国务院税务主管部门的规定使用税务登记证件。

税务登记证件不得转借、涂改、损毁、买卖或者伪造。第六十条纳税人未按照规定使用税务登记证件，或者转借、涂改、损毁、买卖、伪造税务登记证件的，处 2 000 元以上 1 万元以下的罚款；情节严重的，处 1 万元以上 5 万元以下的罚款。

因此，王斌若将税务登记证直接转借给朋友是不符合税收征管法规定的，税务工作人员要求王斌先按照规定立即办理税务登记注销，并提醒接手烟酒零售店的朋友尽快到税务机关自行办理新的税务登记。

导师指津

其实，办理税务登记并不像大家想象的那样麻烦，只要按照正规流程很快即可办理。办理流程如下：

第一步：	先办理工商营业执照，然后带着营业执照副本及复印件，业主身份证及复印件，组织机构代码证，公司章程、注册资本评估报告，房屋产权证明或房屋租赁合同、到税务局办理税务登记。
第二步：	填写税务登记申请表，并缴纳登记证工本费（有的地区规定免缴）。
第三步：	纳税人应当自领取《营业执照》之日起 30 日内，向税务机关申报办理税务记。

| 第四步： | 办理税务登记受理后，主动联系税务管理人员。 |

十五、公司章程：公司经营的灵魂

公司章程，是指公司依法制定的公司名称、住所、经营范围、经营管理制度等重大事项的基本文件，也是公司必备的规定公司组织及活动基本规则的书面文件。

公司章程是股东共同一致的意思表示，载明了公司组织和活动的基本准则，是公司的宪章。

公司章程具有法定性、真实性、自治性和公开性的基本特征。

公司章程与《公司法》一样，共同肩负调整公司活动的责任。作为公司组织与行为的基本准则，公司章程对公司的成立及运营具有十分重要的意义，它既是公司成立的基础，也是公司赖以生存的灵魂。

公司的设立程序以订立公司章程开始，以设立登记结束。我国《公司法》明确规定，订立公司章程是设立公司的条件之一。审批机关和登记机关要对公司章程进行审查，以决定是否给予批准或者给予登记。公司没有公司章程，不能获得批准，也不能获得登记。

经典案例

朱清和刘明签订了一份《合作投资协议书》，约定刘明以现金1 000万元投资，朱清以专利权投资，作价1 632万元，双方成立安徽加州有限责任公司，公司注册资本2 632万元，朱清占有公司62%的股份，刘明占有公司38%的股份。

因为双方尚未获得专利证书，双方协商一致变更原《合作投资协议书》为：新公司注册资本调整为800万元，全部由刘明以现金方式出资，双方股权比例不变（朱清占62%、刘明占38%），使用朱清提供的技术进行生产，待朱清依法取得专利权后，再将专利权转让给公司。

因为刘明不愿意"显富"，所以决定由妻子作为显名股东。

新公司成立后，章程规定：公司注册资本 800 万元，刘明之妻以现金方式出资 304 万元，持股比例 38%，朱清、朱清之妻以现金方式出资 496 万元，持股比例分别为 40%、22%。

公司成立后，刘明共支付 200 万元作为三个股东的首期出资，后朱清与刘明因公司事务发生矛盾，刘明不愿再向公司出资，朱清依据《合作投资协议书》向法院提起公司设立协议纠纷诉讼，请求刘明承担违约责任。

在案例中，朱清和刘明双方签订的《合作投资协议书》与公司章程内容发生冲突，哪个应该优先适用成为一个重要的辩论焦点。

设立协议中与章程内容一致的条款（被章程吸收的条款），因被章程取代而效力终止，也可以说其效力因实际履行而消灭，这类条款即使引起争议，也不会涉及设立协议和公司章程的效力适用问题；未被吸收的条款，除非有特别声明，否则公司成立后这些条款将作为章程内容的补充继续有效，但只在发起人之间有效。

导师指津

公司章程的制定、内容和修改程序都是由法律明确规定的。根据《公司法》，公司在设立初期需要制定公司章程，无论是有限责任公司还是股份有限公司都必须有自己独立的章程，这是公司设立和成立的必要条件之一。

各国公司法对公司章程应当记载的事项均有明确的规定，尤其是绝对必要记载事项的欠缺可能会导致章程的无效，进而妨碍公司的成立。

公司章程内容的法定性是对意思自治原则的限制，章程中意思自治原则受到限制的深层背景是公司自治是实质的演变，体现为公司章程条款必须遵循公司法的强制性规范的规定，不得改变或违背。

公司章程的修改必须依据法律的规定，由具有修改权限的机关依据法定的程序修改，并经登记机关的等级才能发生对外效力。

十六、有限责任 VS 股份有限：从规定看区别

有限责任公司是指由一定人数股东组成的，股东以其出资额为限对公司承担责任，公司以其全部资产对公司的债务承担责任的公司。有限责任公司的设立必须具备法定人数、发起人、资本、章程等条件。

股份有限公司是指全部资本分为等额股份，股东以其所持股份为限对公司承担责任，公司以其全部资产对公司的债务承担责任的公司。

公司的设立程序以订立公司章程开始，以设立登记结束。我国《公司法》明确规定，订立公司章程是设立公司的条件之一。审批机关和登记机关要对公司章程进行审查，以决定是否给予批准或者给予登记。公司没有公司章程，不能获得批准，也不能获得登记。

经典案例

张明丽、王强、崔权、李成等 10 个人合资成立置业贸易有限公司。公司注册资本为 72 万元，张、王、崔、李 4 个大股东每人出资 15 万元，其他 6 个小股东每人出资 2 万元，10 个股东组成了公司股东会。

在股东会议上，张、王、崔、李因为出资多，故他们的意见基本上就是股东会的决议，公司董事会也由他们 4 个人组成。公司成立的头两年，经营状况较好，股东之间的关系也比较融洽。

公司成立第三年，股东之间为与另一乡镇企业联营的问题发生了争议。四大股东主张与乡镇企业联营，扩展业务。6 个小股东则主张稳妥行事。只要稍有盈利就行，不要冒险。按照惯例，又是 4 个大股东的意见成为决定性的意见。

两年后，联营企业的问题逐渐暴露，经济效益越来越差。六个小股东见联营的结果不幸被自己言中，对张、崔、王、李的意见更大了。

大小股东之间的矛盾公开化后，6 个小股东决定退出公司。但他们持有的不是公司的股票，而是出资证明。出资证明不是有价证券，不能上市交易。这就给他们退出公司带来了很大的麻烦。

一个小股东感叹到："早知道退出有限责任公司这么复杂，还不如投资股份有限公司"。

导师指津

有限责任公司和股份有限公司两者的区别如下：

（1）有限责任公司属于"人资两合公司"其运作不仅是资本的结合，而且是股东之间的信任关系，在这一点上，可以认为他是基于合伙企业和股份有限公司之间的；股份有限公司完全是资合公司，是股东的资本结合，不基于股东间的信任关系。

（2）有限责任公司的股东人数有限制，为2人以上50人以下，而股份有限公司股东人数没有上限，只要不少于5人即可。

（3）有限责任公司的股东向股东以外的人转让出资有限制，需要经过全体股东过半数同意，而股份有限公司的股东向股东以外的人转让出资没有限制，可以自由转让。

（4）有限责任公司不能公开募集股份，不能发行股票，而股份有限公司可以公开发行股票。

（5）有限责任公司不用向社会公开披露财务、生产、经营管理的信息，而股份有限公司的股东人数多，流动频繁，需要向社会公开其财务状况。

第二章

人才乃取胜之本，跟不靠谱的队友说"不" ——创业团队

在一个企业中，任何一个员工的作用无非是某台机器中的某个零部件，而团队则是这些机器或零部件的组合，一台机器通常是做不出产品的，单独的一个零部件更发挥不了作用，只有组合才能使各个组成部分的作用得到充分的发挥。

创业团队的含义，是各方面起决定性作用的人才合二为一，再发挥的作用是 $1+1 > 2$。

创业导师观点分享：程 维 滴滴打车创始人

要知道谁是做得最好的，找那个做得最好的公司，真正找到做得好的规律。做得好是因为它对整个事情的思考是最深刻的。它找到了这个问题最基本的规律，并且以它为重心去架构团队。百度相信技术改变世界，腾讯相信产品改变世界，于是它们以技术和产品为重心去架构整个公司。就与武林中有各种门派一样，并没有对错。

一、创业团队：众人划桨开大船

创业团队，是指在创业初期（包括企业成立前和成立早期），由一群才能互补、责任共担、愿为共同的创业目标而奋斗的人所组成的特殊群体。

创业者在注册公司时就应该组建创业团队，走规范化道路。一个好的创业团队对新创科技型企业的成功起着举足轻重的作用。新型风险企业的发展潜力与企业管理团队的素质之间有着十分紧密的联系。

经典案例

1999 年的那个秋天，马化腾与他的同学张志东"合资"注册了深圳腾讯计算机系统有限公司。之后又吸纳了三位股东：曾李青、许晨晔、陈一丹。

这 5 个创始人的 QQ 号，据说是从 10001 到 10005，为避免彼此争夺权力，马化腾在创立腾讯之初就和四个伙伴约定清楚：各展所长、各管一摊。

马化腾是 CEO，张志东是 CTO，曾李青是 COO，许晨晔是 CIO，陈一丹是 CAO。

之所以将腾讯的创业 5 兄弟称之为"难得"，是因为直到 2005 年的时候，这五人的创始团队还基本是保持这样的合作阵形，不离不弃。

直到腾讯做到如今的帝国局面，其中 4 个人还在公司一线，只有 COO 曾李青挂着终身顾问的虚职而退休。

导师指津

创业分个人创业和共同创业。共同创业有利于分散创业风险和整合资源。在共同创业的过程中，创业团队是关键，直接影响到创业是否成功。

那么，创业者应该如何组建创业团队呢？

1. 筛选创业团队成员

明确创业项目的方向，找志同道合者，最好是比较了解、值得信赖的对象；

找适合创业的对象；从实际出发，根据创业的规模、人员优势互补，确定人数、男女比例、年龄层次构成。

2. 酝酿团队创业的章程和创业文化

这是组建团队初始不能忽略的问题。创业是非常艰辛的，在创业之初，团队成员尤其需要有共同的约定和文化理念的引领。一旦约定，大家必须共同遵守、执行和维护，否则很难形成合力。

3. 风险分担，利益共享

创业需要承担风险，包括财务、精神和社会的风险。如何承担和分担风险？要形成基本的共识，要有一个明晰的预案。合理考核、利益共享的分配模式，也要在创业之始有一个比较合理的约定，否则在赢利以后容易产生矛盾。对此，要未雨绸缪。

4. 创业团队的分工

根据团队结构特点、成员优势特点，创业目标和具体工作要求，明确每个成员的责、权、利，做到有分有合，各司其职，有条不紊。

5. 磨合期问题的处置

创业团队或多或少、或长或短要经过一个磨合期。在这个时期，经过痛苦的"洗牌"，有的人也许不适合继续共同创业。这时候一定要下定决心调整、变更，不能碍于情面，否则会成为创业的巨大羁绊，因为团队的关键永远都是：人。

二、合伙人：找准你的"黄金搭档"

合伙人在法学中是一个比较普通的概念，通常是指以其资产进行合伙投资，参与合伙经营，依协议享受权利，承担义务，并对企业债务承担无限（或有限）责任的自然人或法人。

合伙人应该具有民事权利能力和行为能力。在实际立法中，各国对于合伙人向合伙企业投资、合伙经营方面的要求是大体相同的，而对于合伙人的自然身份、合伙人对企业债务承担责任的形式及民事行为能力的限定则由于法系的不同和习惯上的差异而有所区别。

当合伙人之间出现冲突要选择回避退让。回避不等于逃避，而是为了防止矛盾激化，并在回避中等待解决矛盾的时机。当矛盾或分歧比较严重，并且一下子难以解决时，为了小使矛盾进一步发展，达到激化的程度，应该有意识地减少与有矛盾的合伙人接触，避免正面冲突，使大事化小、小事化了。

经典案例

想要为自己的企业找到一个适合的合伙人似乎是一件艰难的事情，但很多时候，他其实就在你的身边。在某些情况下，亲密的友人更可能成为合作伙伴，但是也不排除你可能在其他的环境下遇到理想的合作伙伴。

Cabeau 的 CEO David Sternlight 是在一个抵押放款公司面试设计师职位的时候遇到了如今公司的 COO Ryan Hilterbran。当时在 Sternlight 的推荐下，Hilterbran 成功应聘抵押放款公司设计职位，Sternlight 表示，Hilterbran 和他拥有共同的愿景和创业的热情。

后来两个人都离开公司寻求各自发展机会，八年后，两个人再度合作，共同创建了 Cabeau。"我正寻找一个忠诚的并有强烈职业道德的合作伙伴，至今我很钦佩 David 取得的成果" Hilterbran 表示。

导师指津

合伙人之间合作的关键是利义并重。人与我、义与利是合伙人相处时接触最多的也是最难处理的关系。

有些人在创业时能够有难同当，一旦事业小成，有了利益可图时，就只剩有福我享了。这样就不可避免的与其他合伙人产生利益冲突，解决不好就会导致企业垮台。

因此，合伙人在经营中要注重合伙企业的整体利益，注重与其他合伙人的关系。但是作为合伙人之一的"我"又有自身的个人利益，这就导致在决策时自己的观点和意见与其他合伙人不一致，甚至冲突。

简而言之，就是个体与整体的关系、全局与局部的关系，人与我、义与利的关系。要解决好这矛盾，就是要在人与我、义与利之间保持适度的平衡，人我两利、利义并重。

此时，合伙人既不会放弃个人的利益，又不会损害其他合伙人的利益，在个体与整体之间求得最佳平衡点。在这种状态下，合伙人就能友好的相处。

合伙人的利益就是你的利益，只有通过合伙企业发展，才会有个人的发展，这样就能人我两利、利义并重。有了这种心态，合伙人才能友好相处。

三、利益分配：谈钱不伤感情

利益分配是指合作各方成员从合作形成的总收入或总利润中分得各自应得的份额。

现在的创业已经不可能单打独斗了，一定是和几个朋友或是信得过的人合伙创业。虽然朋友之间一些小问题可以不计较，但是牵涉到团队每个成员之间的利益分配问题是切不可马虎的，这是整个团队能否稳定最重要的基础。

所以，创业团队每个成员之间的合伙协议该怎么拟定是一个让人非常头疼的问题。因为协议一旦拟定，就不能轻易更改，各成员能在这个团队中获得多少利益都将根据这份协议而定。

创业合伙人之间无论是哪种利益分配方式，都未尝不可。但前提是在合伙初期，一定要协商清楚利益分配方式。协商确定以后，要明确利益分配方式，相互之间约定书面分配合同、分配双方的利润。即便后期出现任何利益分配的矛盾，也是要有据可依。

经典案例

潘鸿宝是北京发研工程公司的董事长，从事建筑结构的改造加固。从 2001 年起，他带领着十几个人的团队创办公司，一路打拼到 2005 年，公司已成为行业内的冠军，2006 年产值达到 3000 万元左右。2009 年，公司遇到了上升期的瓶颈：

怎么打拼也不能把企业带到更高的层面，由此，潘鸿宝决定引进高端人才。

2009 年底，他同时引进了总经理、生产副总和经营副总，除了高工资、高奖金，他还给总经理 25% 的股份，两个副总共 15% 的股份。这意味着新引进的人占了 55% 的股权，如果有任何事情需要董事会投票表决，潘鸿宝这个创始人可能存在着被孤立的险境。

三个月以后，问题开始暴露，潘鸿宝意识到高代价请来的团队，与当初的愿望差距过大。比如，三名高管想要先挣钱再与他一起创业，由于管理层问题导致的中层员工两极分化，以及高层理念差异造成与外界材料供应商、分包单位的矛盾。最可怕的事情莫过于三名高管自成团队，开始孤立他。

潘鸿宝说："慢慢了解到企业这样走下去肯定没有希望，这个事情必须要处理，我决定完全收购股份，果断劝他们离开公司。"

因此，创始人在最初进行利益分配的时候不可盲目，要给自己想好退路，避免被取而代之。

导师指津

创业者进行利益分配时可以参考以下的利益分配方式：

1．内部利益分配

内部利益分配包括股东结构，部门人事福利待遇，资源分配等，需要很好的协调以达到目标一致团结一心，否则内部勾心斗角，争权夺利会祸起萧墙。

2．外部利益分配

与合作方利益分配不只是营销上的，每个公司都应该有战略合作伙伴，这些伙伴应该是能够彼此利益共享，风险共担；其次，一般业务合作伙伴的利益分配也是决定一个公司运营成败的关键。

四、团队精神：你的团队，你激励

团队精神，简单来说就是大局意识、协作精神和服务精神的集中体现。团队精神的基础是尊重个人的兴趣和成就。核心是协同合作，最高境界是全体成员的向心力、凝聚力，反映的是个体利益和整体利益的统一，进而保证组织的高效率运转。

团队精神的形成并不要求团队成员牺牲自我，相反，挥洒个性、表现特长保证了成员共同完成任务目标，而明确的协作意愿和协作方式则产生了真正的内心动力。

团队精神并不是拉帮结派，而是引导公司走向强大的一种正能量，而不是江湖义气。

经典案例

在一次训练活动中，有位主管分享了他们公司如何处理团队冲突的故事：

以往在我们主管会中，最常听到的话是互相批评、互相攻击，场面热闹。像因质量设计不良，产生顾客抱怨与退货；因业务下单交期太短，中间插单、改单造成生产不顺……因为你的不对，所以造成我不能做事，或者是都是因为你没有配合，所以我无法完成。每次会议都为这种事情争论不休。

有一天，刚回国接任的总经理终于忍不住了，在会议上当场用力拍桌子，"啪"，把正在争辩中的主管们吓了一大跳。

总经理说："从现在开始大家改变报告内容，不要再报告别人有什么错误，在会议中只能报告两个内容：第一，在本周内哪些部门、哪些人对你有什么贡献？第二，检查你自己还有哪些未做好或不足之处，接下来你要如何改进？"

之后的第一次会议，大家都很不习惯，以往只注意别人有什么缺点不能与我配合，不曾注意别人对我会有什么贡献。而总经理要求在会议上报告别人对我有哪些贡献，在全场一阵鸦雀无声之后，好不容易有人才挤出来说，"谢谢你陈经理，那一天在会议室，你为我倒茶！"

几次以后，会议的气氛转变了，公司内在的气氛也随之改变了。每位主管在会议中报告，注意到别人对他的帮助越来越多，表示感谢之外也对自己的不足做检讨，带来了感谢感恩的气氛，也带动了自我检讨、负责的工作态度，团队合作凝聚力也增强了。

这位主管得意地说："这是因为在会议上，对别人表示感谢是肯定别人对自己实质的帮助，对自己的检讨是对自己不足的策励。但过了两个月又有进一步的发展，在会议中大家突然发现：如果只有你感谢别人，而没有别人感谢你，那代表什么意思呢？因此，促动了每个人在注意别人对我有什么贡献之余，也主动去找机会协助别人，找为别人服务贡献的机会，团队的凝聚力就在这个过程中形成了。"

导师指津

培养一支充满团队精神的高绩效团队，是企业决策层的管理目标之一。如何打造团队精神，企业应该做到以下4点：

1　放权给中层员工，营造相互信任的组织氛围。

2　在组织内慎用惩罚。

3　建立有效的沟通机制。

4　逐渐形成团队自身的行为习惯及行事规范。

五、员工招聘：招来能为公司带来效益的员工

员工招聘，是指组织根据人力资源管理规划和工作的要求，从组织内部和外部吸收人力资源的过程。员工招聘包括员工招募、甄选和聘用等内容。

员工招聘在人力资源管理工作中具有重要的意义。招聘工作直接关系到企业人力资源的形成，有效的招聘工作不仅可以提高员工素质、改善人员结构，也可以为组织注入新的管理思想，为组织增添新的活力，甚至可能给企业带来技术、管理上的重大革新。

员工招聘广告虽然不具有法律效力，但是要切合实际。不可以含有忽悠的成分，这样是留不住人才的。

某私营企业 R 公司，主要业务是某著名品牌的新产品在中国区的总经销。由于管理人才的缺乏，公司成立之初，市场业绩一直不理想。后来经公司内部员工推荐，老板未经过人力资源部履行必要的人事手续，引进了一位高层管理人员作为主管销售和市场工作的副总裁。

副总裁来公司两周后，公司委派其带领公司部门几名员工去参加外地的一个展会，员工 A 和该副总裁分别向财务借了部分费用。

在参展期间，员工 A 预支的费用不够支出买回程的车票，请求副总裁支援。但副总裁怀疑员工 A 与展会主办单位有黑幕交易，拒绝支援并于展会结束后自己直接乘飞机回总部，并说服老板不安排汇款。

参展的另外几名员工滞留当地一日，自行凑钱买了火车票回公司。员工 A 由于尚未结清参展费用，又无钱购火车票，被滞留当地三日，才辗转回到总部。这件事情发生后，在一段时期内给公司造成了消极影响。

该公司老板的做法错误之处在于，引进该副总裁之前没有做必要的测试、甄选，所以不能确定该人选是否合格，实践证明，该副总裁不称职；该副总裁来公司后，应该让他有一个实习期过渡，这样做让他本人对工作有个熟悉的过程，同时让他和他的下属、上司之间有一个相互了解相互认可的机会，这样对公司、对他本人都有好处，有可能避免发生上述所发生的事情。

导师指津

员工招聘的主要方式有内部招聘和外部招聘两种形式：

外部招聘渠道有：人才交流中心、招聘洽谈会、传统媒体广告、网上招聘、校园招聘、人才猎取和员工推荐等。

内部招聘主要是岗位轮换和返聘。

六、员工素质：文凭与能力哪个更重要

员工素质是指员工从事某项事情（行为）所需具备的知识、技巧、品质及工作的能力。

现代企业员工素质是指主要员工的基本素质、专业素质和政治素质所构成的员工综合素质。

创业者在招聘员工时要同时考虑员工的文凭和能力两个方面，如果只有高文凭，能力却平平也无法为公司创造价值。

经典案例

现在找工作不仅要看学历还得要求有经验，经验和学历相比，企业更喜欢哪个？

翼翔公司财务部副经理一职空缺，在当地的人才网站上发布了招聘信息，要求条件：财经类本科学历、中级职称，三年以上财务岗位工作经验。

招聘信息发出以后，人力资源部曹晶就忙于对公司邮箱里收到的应聘者进行筛选。

财务部副经理一职，说到底是要带领财务部的员工实施上至总监、下至经理制订的工作计划，没有一定的工作经验积累和团队领导能力是做不来的。正因为此，刚毕业工作一两年的会计显然火候差了点，而一般有三年以上工作经验的，眼光似乎更高些，在同等薪酬待遇下，他们宁愿选择去应聘财务经理或以上的职位。

经过无数次电话沟通和初试后，曹晶最终确定 3 个人员参加由公司财务经理、总经理组成的复试。

这 3 个人分别是：

曾先生：师范学校毕业，参加高等教育自学会计专业毕业，助理会计师职称，财务工作经验五年；

王先生：成人高考会计大专在读，财务岗位工作经验六年，无职称；

吕先生：财经类本科学历，会计师职称，会计岗位工作两年。

专业考评和综合能力测试排名依次为王先生、曾先生和吕先生，公司最终决定聘用曾先生为公司财务部副经理，尽管相比之下王先生的能力最强，但作为财务副经理，连个大专毕业证都没有，也没有相应的专业职称，不但与公司开出的招聘条件不符，也怕日后工作当中难以服众。

类似翼翔公司的用人选择在现今的职场中屡见不鲜。按理来说，社会上既有文凭又有水平的人是最受用人单位欢迎的，不过往往事与愿违，因为种种原因，许多人业务水平比较高，但手中没有过硬的文凭，而另一些人虽然怀揣各种证书，但实际工作能力常常名不符实，给用人单位的选择也带来较多的困扰，由此而引发的究竟是能力重要还是文凭重要的争论也旷日持久，最终也无定论。

导师指津

创业者招聘员工应该看重文凭还是能力呢？

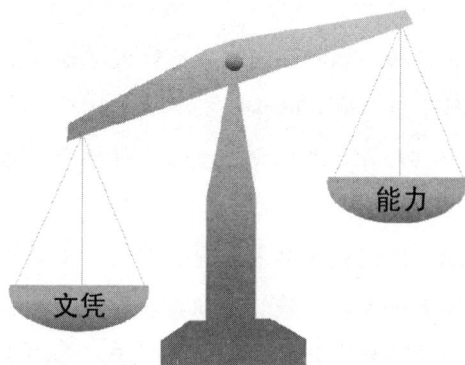

其实文凭的高低和专业证书的拥有与否只是在一定程度证明了知识的多少，其目的还是为了证明能力的高低。

聪明的老板会通过相应的招聘机制及试用期，了解所招聘员工能力的高下，而聪明的求职者也可以在面试时通过实例来说服用人单位自己对这份工作的胜任信心。

双方都换种思维方式，立足于能否为公司创造出效益的宗旨，辩证地对待文凭、证书与实际工作能力之间的关系，就不愁不能共赢。

七、员工管理：打造一个坚强高效的团队

员工管理是企业管理的一项重要内容，主流商业管理课程将"员工管理"作为一项管理者的必备技能要求包含在内。

员工管理是从员工个体的角度看待人力资源管理问题。如何分析员工的个性差异和需求差异，并使之与企业效率相结合，从而最大限度地激励员工的主动性和创造性，达到人与事的最佳配合，这是员工管理的中心内容。

管理员工的前提是充分了解员工，倾听员工的心声，让员工真正感受到是在"为自己工作"。

经典案例

A企业为一家网络公司，近日HR正为销售部经理钟铭辞职一事儿而烦恼不已。

该公司销售部经理是一位刚升职一年的新干部，去年此时正是钟铭走马上任的时候。钟铭由于在工作中为人谦逊、思维敏捷、善于分析，很快就在该分区逐步形成了一套十分有特色的"IT产品销售网络图"，因而深得总经理的器重。同年总经理力排众议、破格将钟铭提升为销售部经理。

上任伊始，由于其原业绩并非十分突出，引起了公司上下许多销售人员的非议。钟铭并没有畏缩不前而是根据自己的想法和掌握的市场时间、状况，重新制定了吻合市场需求的策略，并汇同人力资源部在工资和奖金制度上采取了与销售业绩直接挂钩的更为灵活的激励模式。从而逐步得到了上级和下属的认同，在一年的时间内将原有的销售业绩猛增了近80%。

年末，钟铭与其下属均得到了公司的表扬，钟铭的下属们都得到了"价值不菲"的红包，而钟铭本人却仅仅得到了一个"不大不小"的红包。他心里十分不是滋味，在业界来讲如取得这般的成绩，其各方面待遇均应达到本公司的两倍，且可以享受15天的带薪假日。

于是，他随即以"付出与所得不相称"为由向总经理提出异议，而总经理则以"作为部门经理，提高本部门业绩是分内之事"这一见解为之解释，最终不欢而散。7天后钟铭辞职跳槽到竞争对手的公司任销售部经理，其薪金也随之增长了两倍。

钟铭的离职正是因为与公司的业绩考核认知不同，这是企业在员工管理中存在的漏洞，导致企业流失了一位优秀人才。

导师指津

如何管理你不喜欢的员工？一个方法是让他们走人，但是如果他们证实了自己的价值，你就需要用理智来调整你的管理风格，你团队的生产力也因此会有所改变。以下 5 种方法会让你的管理有效起来：

1．找到他们为什么让你讨厌

是因为他们的交流方式让你发怒，还是因为他们过于强势？一旦你确定你为什么讨厌他们，你就会明白如何正确地管理他们。有一点很重要，就是记住你不能改变员工的个性，但是你可以改变你面对他们个性的方式。

2．对他们保持主动

和员工保持一种专业的、热诚的关系，哪怕是最烦人的团队成员。这会有助于让你的关注点在你前面的任务上，也会有助防止未来的冲突。

3．定睛在他们如何让团队获益上

如果你已经了解这个员工是足够有才能，可以留下来，那么就专注于什么会让他们更有价值，而非在他们会是多么烦人上。

4．与他们密切合作

研究表明，在困难项目上工作能在同事之间建立亲近感。如果你给你的问题员工以机会来证明他们的价值，然后你会在工作上较少讨厌他们。

5．观察其他人怎么对待他们的

看看办公室的其他人如何对付这个员工的。因为你特别的沟通方式，你也许会意识到你正在和他们产生冲突。接下来，你可以做出相应地调整。

八、工作积极性：避免"老板忙晕了，下属没事做"

工作积极性是指对工作任务产生的一种能动的自觉的心理状态，它表现为个体或集体对组织目标明确，执行计划和实现目标过程中的克服障碍的意志努力和积极性的情感。在能力一定的条件下，一个人的工作积极性越高，则其业绩越大。

一个企业的领导者要学会放权给下属，自己做一些全局性的工作，不要让自己忙着团团转，下属却乐得清闲。

经典案例

朱明是某家企业的企划部总监。他每一次谈及近况时，总会抓抓头顶日渐稀疏的头发，用给人感觉好像永远没睡够的眼睛瞪着我说："最近忙死了，一边是新品上市的企划、产品定位、广告创意、软文写作等一大堆的事情；另一边是巡视市场、拟定促销方案、媒体购买和执行促销活动……唉，总之，就一个字——忙。"

"嗨，兄弟，你不是还有个帮手吗？"有时，我会这样问他。

"他们？他们有他们的事情做，况且有些事情他们也做不了……"

其实，事实并非如此。

当朱明坐在电脑前一连工作几个小时的时候，他的下属们已经浏览了好几份报纸，接着又看完了互联网上一场两个多小时的 NBA 直播。

朱明为什么不将手里的工作分一部分给自己的下属做呢？为什么不安排一些市场调研的任务给下属呢？为什么不叫下属提前准备今后肯定要做的一些工作呢？

当朱明在为了一份印刷品、几样物料、一则报纸广告，三番五次往印刷厂、广告公司、报社跑的时候，他的下属们正在办公室享受着空调，吃着零食，聊着闲天。

校稿、催进度、定刊期及版面之类的事情，为什么就不能交给自己的下属来做呢？怕他们做不好？不放心？

如果连这些技术含量较低的工作都担心下属们做不好，那当初为什么还要经过层层选拔，将他们招聘进自己的部门呢？

其实，扭转这般局面，使问题有所改善，并不需要很高的管理素养。可又是为什么这样的情形总会如影随形地跟在许多管理者的身后呢？

导师指津

作为一个管理者最主要的工作就是人尽其职，让每个员工做好自己本分的工作，而不是自己忙晕了，下属们整天无所事事。

那么，管理者如何在解放自己的同时，用好、用强每一个员工，使他们人尽其才，使团队长足发展呢？

1 管理者要进行准确定位，不能事无巨细地操心、担心。

2 信任、放手、督导、反思。

3 让员工忙起来，随时处于任务当中。

4 提高自身的领导力。

九、员工手册：企业内的"劳动法律"

员工手册主要是企业内部的人事制度管理规范，同时又涵盖企业的各个方面，承载传播企业形象、企业文化功能。它是有效的管理工具、员工的行动指南。

"员工手册"是企业规章制度、企业文化与企业战略的浓缩，是企业内的"法律法规"，同时还起到了展示企业形象、传播企业文化的作用。

千万不要以为走了民主程序并公示了员工手册就是有效的，如果内容不合法则同样对员工不发生效力。

经典案例

2012 年 6 月 18 日，张婷进入上海某贸易有限公司工作，从事人力资源部招聘专员岗位。

公司以张婷 2013 年至今，特别是 2013 年 11 月累计迟到 6 次，已严重违反公司相关规章制度为由解除与张婷的劳动合同，张婷向劳动人事争议仲裁委员会申请仲裁。

经过调查，被申请人公司《员工手册》其中考勤管理规定，员工月度累计 3 次（含）以上或累计 8 小时的迟到或早退均可视为员工严重违反公司的规章制度，公司有权解除与员工的劳动关系。《奖惩管理制度》规定，1 个月内迟到或早退 3 次（含）以上者为违反劳动纪律、行为规范及法律法规，特别严重的行为，将予辞退。

张婷属于违反了公司的规章制度，所以公司与她解除劳动合同不属于违法行为。

导师指津

企业领导者制定员工手册应该遵循以下几个原则：

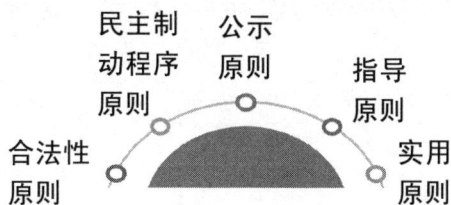

十、员工培训：让所有木板一起变长

员工培训是指一定组织为开展业务及培育人才的需要，采用各种方式对员工进行有目的、有计划的培养和训练的管理活动。

员工培训按照内容来划分，可以分出两种：员工技能培训和员工素质培训。员工技能培训，是指企业针对岗位的需求，对员工进行的岗位能力培训。员工素质培训，是指企业对员工素质方面的要求，主要有心理素质、个人工作态度、工作习惯等的素质培训。

培训的首要目的应该是满足企业长期发展的需要，然而大多数管理者对培训认识不清，认为培训就是组织理论学习和政治思想教育或者是某些技能的学习，无须与企业的长期发展目标联系起来，这是错误的观念。

经典案例

进入微软公司的第一步是接受为期 1 个月的封闭式培训，培训的目的是把新人转化为真正的微软职业人。光是关于如何接电话，微软公司就有一套手册。

技术支持人员拿起电话，第一句话肯定是："你好，微软公司！"一次，微软全球技术中心举行庆祝会，员工们集中住在一家宾馆，深夜，某项活动日程临时变动，前台小姐只得一个一个房间打电话通知，第二天她面露惊奇地说："你知道吗？我给 145 个房间打电话，起码有 50 个电话的第一句是'你好，微软公司'"。

在深夜里迷迷糊糊地接起电话还不忘公司的培训，事情虽小，但微软风格可见一斑。

微软公司也很重视对员工进行技术培训。新员工进入公司之后，除了进行语言、礼仪等方面的培训管理之外，技术培训也是必不可少的。

微软公司内部实行"终身师傅制"，新员工一进门就会有一个师傅来带，此外，新员工还可以享受 3 个月的集中培训。

平时，微软公司也会给每位员工提供许多充电的机会：一是表现优异的员工可以去参加美国一年一度的技术大会；二是每月都有高级专家讲课。公司每星期都会安排内部技术交流会。在这里，除了技术培训，微软公司还提供诸如如何做演讲、如何管理时间、沟通技巧等各种职业的培训。

导师指津

进行员工培训主要的方法有以下 4 种：

1. 讲授法

这属于最传统的培训方式，优点是运用起来方便，便于培训者控制整个过程。缺点是单向信息传递，反馈效果差。常被用于一些理念性知识的培训。

2. 视听技术法

通过现代视听技术（如投影仪、DVD、录像机等工具），对员工进行培训。优点是运用视觉与听觉的感知方式，直观鲜明。但学员的反馈与实践较差，且制作和购买的成本高，内容易过时。它多用于企业概况、传授技能等培训内容，也可以用于概念性知识的培训。

3．互动小组法

也称为敏感训练法。此法主要适用于管理人员的实践训练与沟通训练。让学员在培训活动中的亲身体验来提高他们处理人际关系的能力。其优点是可以明显提高人际关系与沟通的能力，但其效果在很大程度上依赖于培训教师的水平。

4．网络培训法

网络培训法是一种新型的计算机网络信息培训方式，投入较大。但由于使用灵活，符合分散式学习的新趋势，节省学员集中培训的时间与费用。这种方式信息量大，新知识、新观念传递优势明显，更适合成人学习，因此特别为实力雄厚的企业所青睐，也是培训发展的一个必然趋势。

十一、批评激励：如何批评才能不遭记恨

批评激励是指通过批评来激发职工改正错误行为的信心和决心，达到激励的效果。

批评的恰当，掌握好火候，可以达到四两拨千斤的效果。但如果批评的不当，会出现众叛亲离，反而对工作不利，所以我们要讲究科学而有效的批评艺术。

经典案例

在管理学上有一个著名的肥皂水效应。是由美国前总统约翰·柯立芝首先提出的。

柯立芝于 1923 年成为美国总统，他有一位漂亮的女秘书，人虽长得很好，但工作中却常因粗心而出错。

一天早晨，柯立芝看见秘书走进办公室，便对她说："今天你穿的这身衣服真漂亮，正适合你这样漂亮的小姐。"这句话出自柯立芝口中，简直让女秘书受宠若惊。柯立芝接着说："但也不要骄傲，我相信你同样能把公文处理得像你一样漂亮的。"果然从那天起，女秘书在处理公文时很少出错了。

一位朋友知道了这件事情后，便问柯立芝："这个方法很妙，你是怎么想出来的？"柯立芝得意洋洋地说："这很简单，你看见过理发师给人刮胡子吗？他要先给人涂些肥皂水，为什么呀，就是为了刮起来使人不觉得痛。"

"肥皂水效应"就是将批评夹在赞美中。将对他人的批评夹裹在前后肯定的话语之中，减少批评的负面效应，从而使被批评者愉快地接受对自己的批评。

导师指津

企业管理者在使用批评激励时要注意方式、方法：

1	批评应该因人而异，不同的人采取不同的方法。
2	批评要有诚意，是为了帮助部属改正错误，而不是耍威风。
3	不能以权压人，靠权力压制部属，对工作非常不利。
4	巧妙暗示，既会让批评产生效果，又不会让对方产生自我反抗。
5	责备无效，多加称赞。

十二、社会保险：给员工买社保就是给企业买保障

社会保险主要是通过筹集社会保险基金，并在一定范围内对社会保险基金实行统筹调剂至劳动者遭遇劳动风险时给予必要的帮助，社会保险对劳动者提供的是基本生活保障，只要劳动者符合享受社会保险的条件，即或者与用人单位建立了劳动关系，或者已按照规定缴纳各项社会保险费，即可享受社会保险待遇。社会保险是社会保障制度中的核心内容。

社会保险的客观基础，是劳动领域中存在的风险，保险的标的是劳动者的人身。社会保险的主体是特定的，并且属于强制性保险。

经典案例

梅楠在现在的公司已经将近两年了，当初入职的时候公司承诺入职一年以后就会给上社保。但是，现在已经快两年了公司依然没有履行承诺，而梅楠向公司领导人询问的时候，他们总是一再推脱。

于是，梅楠决定用法律手段维护自己的权益。她向当地劳动部门提出申请，请求帮助解决保险问题。经过劳动部门的调查梅楠所述属实，于是要求梅楠所在公司尽快解决员工的保险问题。

告知用人单位必须依法参加社会保险，用人单位拒不参加社会保险的行为属于违法行为，将受到法律的制裁。

导师指津

社会保险费的征集方式主要有以下两种：

1．比例保险费制

这种方式是以被保险人的工资收入为准，规定一定的百分率，从而计收保险费。

2．均等保险费制

即无论被保险人或其雇主收入的多少，一律计收同额的保险费。

十三、工资结构：根据不同的情况做出不同规定

一般公司员工的薪资分为年薪制和月薪制，对中层以上管理人员和技术人员实行年薪制，而对其他员工实行月薪制。

其他常见的薪资制有实行日薪制和计件制。一般情况下，员工的工资由"基础工资"和"考核工资"两大模块组成。

结构工资制又称为分解工资制或组合工资制，结构工资制是在企业内部工资改革探索中建立的一种新工资制度。结构工资制是指基于工资的不同功能划

分为若干相对独立的工资单元，各单元又规定不同的结构系数，组成有质的区分和量的比例关系的工资结构。

企业结构工资制的内容和构成，不宜简单照搬国家机关、事业单位的现行办法，各企业可以根据不同情况做出不同的具体规定。其组成部分可以按照劳动结构的划分或多或少，各个组成部分的比例，可以依据生产和分配的需要或大或小，没有固定的格式。

经典案例

吴一鸣属于那种非常务实，比较精干的民营企业家。赛洋公司虽然在北京名气不大，但他们生产的"北极绒"保暖内衣在上海却妇孺皆知，是上海民营科技企业的百强之一。

吴一鸣率先在中国实行"周薪制"的工资结构引起了巨大反响。

吴一鸣说："实行'周薪制'并不是我们的发明，在欧美发达国家，周薪是非常普遍的、最受员工偏爱的工资支付形式。我们属于'拿来主义'。不过，推行以后，效果非常明显。"

上海人在日常生活中精打细算是出了名的。受地域文化的影响，上海的民营企业家在经营理念上也是精于算计。有人对不同地域文化背景下经商的人做过调查，上海人在经商中惨败的明显比其他地方少。原因就在于他们太会算计。会算计不是坏事。中国人有句老话，吃不穷花不穷，算计不到就受穷。

正因为上海人太会算计，所以吴一鸣在出国考察时，了解到"周薪制"的情况后，率先在企业加以推行。他说："最大限度地发挥企业每位员工的工作潜力，以改变原有的管理模式，从而适应激烈竞争的市场需要，使企业迅速发展，是我们实行'周薪制'的主要目的。'周薪制'的最大好处就是在单位时间内，提高员工的工作效率。跟有的单位比，我们公司员工的工作效率本来已经很高，但是我发现仍然浪费了许多时间，尤其是工作考评的落实，往往虎头蛇尾。"

虽然"周薪制"对于员工的工作效率有很大的作用。但是毕竟对中国的"月薪制"有很大的冲击作用，所以企业领导者还是要根据自己企业的实际情况选择适用的工资结构。

导师指津

企业试行结构工资制，较之于实行其他工资制度工作量更大，各方面要求也要高，需要认真细致地做好工作。

方案在经过分析、论证、测算基本可行后，企业领导和工资主管科室应该通过深入细致的宣传解释工作，使企业职工了解并接受结构工资制方案。方案经职工代表大会讨论通过以后，企业工资主管科室要制定结构工资制的管理制度和实施细则包括：基础工资管理；技术、业务、职责等方面考核办法；各工资单元的计发工资办法；升级降级制度；职工调动和岗位、职务变动工资处理；关于减发工资的特殊规定等。

十四、薪酬水平：员工不可亏待

薪酬水平是指企业内部各类职位和人员平均薪酬的高低状况，它反映了企业薪酬的外部竞争性。

薪酬水平反映了企业薪酬相对于当地市场薪酬行情和竞争对手薪酬绝对值的高低。它对员工的吸引力和企业的薪酬竞争力有着直接的影响，其数学公式为：薪酬水平=薪酬总额/在业的员工人数。

薪酬水平有不同层次的划分，它可以指一定时期内一个国家、地区、部门或企业任职人员的平均薪酬水平，也可以指某一特定职业群体的薪酬水平，其中企业员工的薪酬水平主要指以企业为单位计算的员工总体薪酬的平均水平，包括时点的平均水平或时期的平均水平。

导师指津

薪酬水平是外部竞争性问题，企业通常通过外部薪酬调查来解决薪酬外部竞争性问题，考虑到当地市场薪酬水平及竞争对手薪酬水平，决定公司的薪酬水平。

企业可采用的薪酬水平策略有以下 4 种：

1．市场领先型薪酬策略

市场领先型薪酬策略是采取本组织的薪酬水平高于竞争对手或市场的薪酬水平的策略。这种薪酬策略以高薪为代价，在吸引和留住员工方面都具有明显优势，并且将员工对薪酬的不满降到一个相当低的程度。

2．市场跟随型薪酬策略

市场跟随型薪酬策略是力图使本组织的薪酬成本接近竞争对手的薪酬成本，使本组织吸纳员工的能力接近竞争对手吸纳员工的能力。

3．成本导向型薪酬策略

导向型策略是企业在制定薪酬水平时不考虑市场和竞争对手的薪酬水平，只考虑尽可能节约企业生产、经营和管理的成本，这种企业的薪酬水平一般比较低。

4．混合型薪酬策略

所谓混合型薪酬策略，是指企业在确定薪酬水平时，是根据职位的一类型或者员工的类型来分别制定不同的薪酬水平决策，而不是对所有的职位和员工均采用相同的薪酬水平定位。

第三章

好项目抵不过乱财务
——财务管理

企业财务直接关系着企业资金的运作，是企业经营的生命线，作为一名公司的管理者，你要能够做出合理的财务预算，做好财务控制，并能从企业的经营状态中作出财务分析，避免财务危机的出现。还要明白如何用最少的成本获得尽可能多的利润，精心算好每一笔成本账。

创业导师观点分享： **史永翔** 跨国企业高级经理人

中国企业家还有一个非常缺乏的能力，是财务思维管理企业的能力，这表现在三个方面：一是战略上财务资源规划不明确，比如，办一件事情需要多少钱、钱从哪里来不清楚；二是企业的外部机会与内部能力无对接，又如，面对一个市场机会，不细致考虑自身需要相应付出的代价；三是经营行为和盈利目标脱节，以至于企业规模和市场销量上去了，却没想到赚取利润或现金问题。因此，很多企业上项目是管理者拍脑袋做决定，结果资金周转不灵面临危机，或者身处大的经济谷底期无法获得充裕的现金流支撑。

一、基本存款账户：存款人的主办账户

基本存款账户是指存款人办理日常转账结算和现金收付而开立的银行结算账户，是存款人的主要存款账户。

基本存款账户的使用范围包括存款人日常经营活动的资金收付，以及存款人的工资、奖金和现金的支取。

基本存款账户（简称基本户）是每个企业都必须设置的，企业应该详细记录通过基本核算的每笔业务。

开立基本存款账户是开立其他银行结算账户的前提。依据人民币银行结算账户管理办法规定，一家单位只能选择一家银行申请开立一个基本存款账户。

经典案例

基本存款账户适用的对象包括以下几类：

- 企业法人；
- 非法人企业；
- 机关、事业单位；
- 团级（含）以上军队、武警部队及分散执勤的支（分）队；
- 社会团体；
- 民办非企业组织（如不以盈利为目的的民办学校、福利院、医院）；
- 异地常设机构；
- 外国驻华机构；
- 个体工商户；
- 居民委员会、村民委员会、社区委员会；
- 单位设立的独立核算的附属机构；
- 其他组织。

由上述可见，凡是具有民事权利能力和民事行为能力，并依法独立享有民事权利和承担民事义务的法人和其他组织，均可以开立基本存款账户。

同时，有些单位虽然不是法人组织，但具有独立核算资格，有自主办理资金结算的需要，包括非法人企业、外国驻华机构、个体工商户、单位设立的独立核算的附属机构（如单位附属独立核算的食堂、招待所、幼儿园）等，也可以开立基本存款账户。但是单位内部的非独立核算机构不得开立基本存款账户。

导师指津

开立基本存款账户前先要准备好所需的相关资料，一般包括以下几项：

● 营业执照证正、副本原件及复印件；

● 组织机构代码证正、副本原件及复印件；

● 国、地税务登记证正、副本及复印件；

● 法定代表人身份证原件及复印件；

● 经办人身份证原件及复印件；

● 公司公章、财务章、私章。

准备好相关资料后，即可到银行开设基本存款账户，相关流程如下：

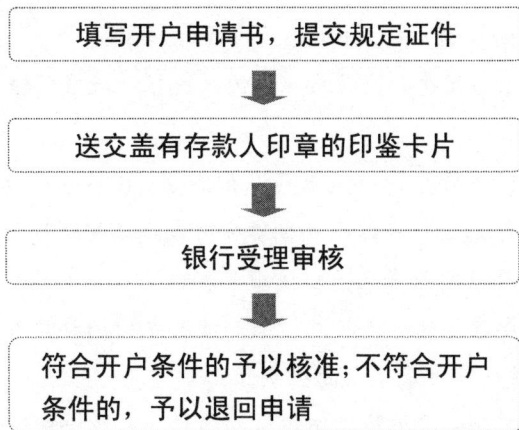

填写开户申请书，提交规定证件

⬇

送交盖有存款人印章的印鉴卡片

⬇

银行受理审核

⬇

符合开户条件的予以核准；不符合开户条件的，予以退回申请

二、专用存款账户：存款人专用结算的账户

专用存款账户是存款人按照法律、行政法规和规章，对其特定用途资金进

行专项管理和使用而开立的银行结算账户。

专用存款账户用于办理各项专用资金的收付，除了粮、棉、油收购资金、社会保障基金、住房基金和党、团、工会经费等可以按照现金管理的规定支取现金外，其他需支取现金的应该报经中国人民银行批准。

专用存款账户中的收入汇缴户除向其基本存款账户或预算外资金财政专用存款户划缴款项外，只收不付，不得支取现金。

业务支出账户除从其基本存款账户拨入款项外，只付不收，其现金支取必须按照国家现金管理的规定办理。

经典案例

存款人申请开立专用存款账户，应该向银行出具其开立基本存款账户规定的证明文件、基本存款账户开户登记证和下列证明文件：

（1）基本建设资金、更新改造资金、政策性房地产开发资金、住房基金、社会保障基金，应该出具主管部门批文。

（2）财政预算外资金，应该出具财政部门的证明。

（3）粮棉油收购资金，应该出具主管部门批文。

（4）单位银行卡备用金，应该按照中国人民银行批准的银行卡章程的规定出具有关证明和资料。

（5）证券交易结算资金，应该出具证券公司或证券管理部门的证明。

（6）期货交易保证金，应该出具期货公司或期货管理部门的证明。

（7）金融机构存放同业资金，应该出具其证明。

（8）因经营需要在异地办理收入汇缴和业务支出的存款人，在异地开立专用存款账户的，应该出具隶属单位的证明。

（9）党、团、工会设在单位的组织机构经费，应该出具该单位或有关部门的批文或证明。

（10）其他按照规定需要专项管理和使用的资金，应该出具有关法规、规章或政府部门的有关文件。

存款人申请开立专用存款账户，应该填制开户申请书，提供以上证明文件，送交盖有存款人印章的印鉴卡片，经银行审核同意后开立账户。

导师指津

对下列资金的管理和使用，存款人可申请开立专用存款账户：

1 基本建设资金

2 更新改造资金

3 财政预算外资金

4 粮、棉、油收购资金

5 证券交易结算资金

6 期货交易保证金

7 信托基金

8 金融机构存放同业资金

9 政策性房地产开发资金

10 单位银行卡备用金

11 住房基金

12 社会保障基金

13 收入汇缴资金和业务支出资金

14 党、团、工会设在单位的组织机构经费

15 其他需要专项管理和使用的资金

此外，专用存款账户在使用时还应该注意以下 7 点：

（1）单位银行卡账户的资金必须由其基本存款账户转账存入。该账户不得办理现金收付业务；

（2）财政预算外资金、证券交易结算资金、期货交易保证金和信托基金专用存款账户不得支取现金；

（3）基本建设资金、更新改造资金、政策性房地产开发资金、金融机构存放同业资金账户支取现金的，应该在开户时中国人民银行当地分支行批准的范围内办理；

（4）粮、棉、油收购资金、社会保障基金、住房基金和党、团、工会经费等专用存款账户的现金支取应该严格按照国家现金管理的规定办理；

（5）收入汇缴账户除向基本存款账户或预算外资金财政专用存款户划缴款项外，只收不付，且不得支取现金；

（6）业务支出账户除从基本存款账户拨入款项外，只付不收，且现金支取必须按照国家现金管理的规定办理；

（7）人民币特殊账户资金不得用于放款或提供担保。

三、建账：新公司会计程序的开始

新成立的单位和原有单位在年度开始时，会计人员均应根据核算工作的需要设置应用账簿，即平常所说的"建账"。

建账基准日应该以公司成立日即营业执照签发日或营业执照变更日为准，由于会计核算以年度、季度、月度进行分期核算。在实际工作中，一般以公司成立当月月末或下月初为基准日。如果公司设立之日是在月度中的某一天，一般以下一个月份的月初作为建账基准日。

经典案例

盛景贸易有限责任公司由甲、乙、丙三人投资成立，以商品流通为主，属于一般纳税人，其建账的大概流程如下：

盛景贸易有限责任公司从7月1日开始筹建，之后发生的业务按照顺序如下：

（1）7月3日甲代垫钱4万元并亲自去购入一批固定资产（发票上购货写盛景贸易公司）

借：固定资产——××设备

　贷：其他应付款——甲

（2）7月6日老板甲代垫钱1万元购入一批办公用品

借：长期待摊费用

　贷：其他应付款——甲 1 万元

（3）7月8日盛景贸易公司三名股东存入50万元入临时账户作为注册资金

借：现金　　　　50

　贷：实收资本——甲 10 万元

　　　　　　　——乙 20 万元

　　　　　　　——丙 20 万元

（4）7月9日老板甲从事务所取回验资报告，代垫公司注册费 5 000 元，印花税 250 元

借：管理费用—开办费 5000 元—印花税 250 元

　贷：其他应付款——甲　5250 元

（5）8月1日领到公司营业执照。

（6）8月15日办理了国税及地税的税务登记

（7）9月2日，从银行提取现金还款给股东甲

① 借：现金

　　贷：银行存款

② 借：其他应付款——甲

　　贷：现金

（8）9月5日，公司向 A 购入商品一批，预付货款价税合计 11.7 万元

借：预付账款——A 11.7 万元

　贷：银行存款 11.7 万元

（9）9月8日，收到 A 公司运来的商品并验收入库

借：库存商品 10 万元

应交税金——应交增值税—进项税额 1.7 万元

 贷：预付账款——A 11.7 万元

（10）9 月 9 日向 B 公司销售商品一批，货已发出，货款未收到

借：应收账款——B 公司

 贷：主营业务收入

应交税金——增值税（销项税额）

（11）9 月 18 日收到 B 公司 9 月 9 日的欠款

借：银行存款

 贷：应收账款——B 公司

（12）9 月 21 日从银行提取现金发放本月工资

① 借：现金

 贷：银行存款

② 借：应付职工薪酬

 贷：现金

应交税金——应交个人所得税

（13）9 月 25 日分配（计提）本月工资

借：管理费用—工资

营业费用—工资

 贷：应付职工薪酬

（14）9 月 28 日计提本月福利费、工会经费、职工教育经费

① 借：管理费用—福利费

营业费用—福利费

 贷：应付福利费

② 借：管理费用——工会经费

 ——职工教育经费

 贷：其他应交款——工会经费

 ——职工教育经费

（15）9 月 28 日银行划账交社保等费用

借：管理费用——公司缴纳社保费

 贷：银行存款

（16）9月30日计算本月应交增值税（手工账这步可以不做）

借：应交税金——应交增值税（未交税金）

贷：应交税金——未交增值税

（17）9月30日计提城建税、教育附加、防洪费

借：主营业务税金及附加

贷：应交税金——应交城市维护建设税

其他应交款——教育费附加

——防洪费

（18）月末结转已售商品成本

借：主营业务成本

贷：库存商品

（19）月末结转本收入

借：主营业务收入

贷：本年利润

（20）9月30日借：月末结转成本等

借：本年利润

贷：主营业务成本

主营业务税金及附加

管理费用

营业费用

（21）假设有利润，预缴企业所得税

借：所得税

贷：应交税金——应交企业所得税

（22）每个月大致业务如上，到了12月份31日还要做：

① 借：本年利润

贷：所得税

② 借：本年利润

贷：利润分配——未分配利润

③ 提取法定盈余公积

借：利润分配——未分配利润

　贷：盈余公积——法定盈余公积

　　　　　　——法定公积金

④ 最终得出未分配利润，或盈余或亏损（假设盈利能分红）

借：利润分配——未分配利润

　贷：应付股利——甲

　　　　　——乙

　　　　　——丙

（23）从银行提取现金发放股利时：

① 借：现金

　　贷：银行存款

② 借：应付股利应付股利——甲

——乙

——丙

　　贷：现金

　　　　应交税金——应交个人所得税

导师指津

企业刚成立时的建账流程有以下 4 步：

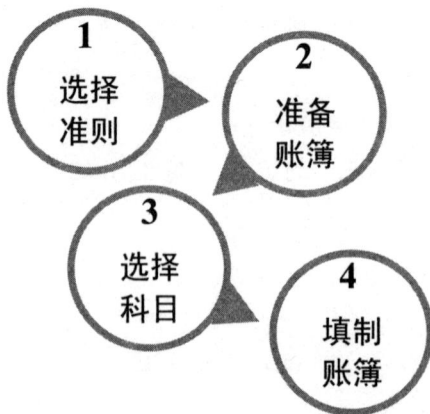

1．选择准则

根据企业经营行业、规模及内部财务核算特点，选择适用的《企业会计准则》或《企业会计制度》或《小企业会计准则》。

2．准备账簿

一般而言，企业应该设置的账簿有以下几个：

现金日记账：一般企业只设一本现金日记账，如果有外币，则应该针对不同的币种分别设置现金日记账。

银行存款日记账：一般应该根据每个银行账号单独设置一本账，如果企业只有一个基本账户，则只需设置一本银行存款日记账。

总分类账：一般企业只需设置一本总分类账，这本总分类账包含企业所设置的全部账户的总括信息。

明细分类账：明细分类账要使用活页的，存货类的明细账要用数量金额式的账页；收入、费用、成本类的明细账要用多栏式的账页；应交增值税的明细账要使用单有账页；其他的基本全用三栏式账页。

3．选择科目

可以参照选定会计准则中会计科目及主要账务处理，结合自己单位所属行业及企业管理需要，依次从资产类、负债类、所有者权益类、成本类、损益类中选择出应该设置的会计科目。

4．填制账簿

需要填制的账簿内容有：封皮、扉页（包括单位或使用者名称、印鉴、使用账簿页数、经管人员、粘贴印花税票并画双横线）、总分类账的账户目录、账页。

四、财务控制：公司节流的保障

财务控制是指对企业的资金投入及收益过程和结果进行衡量与校正，目的是确保企业目标及为达到此目标所制订的财务计划得以实现。现代财务理论认为企业理财的目标及它所反映的企业目标是股东财富的最大化。

财务控制总体目标是在确保法律法规和规章制度贯彻执行的基础上，优化企业整体资源综合配置效益，厘定资本保值和增值的委托责任目标与其他各项绩效考核标准来制定财务控制目标，是企业理财活动的关键环节，也是确保实现理财目标的根本保证，所以财务控制将服务于企业的理财目标。

经典案例

MT建筑实业有限公司是一家从事建筑装潢、房地产、动拆迁、物业管理经营活动的综合性企业。2012年企业资产总额9 000万元，主营业务收入11亿元，利税总额9 000万元。近年来该公司通过不断完善财务制度、加大监控力度、谨慎理财等措施，使得经济效益不断提高。

MT公司财务控制的措施主要有以下4个方面：

1. 会审核签，避免决策失误

该公司先后制定了《重大经济事项由总经理、总会计师会签制度》《项目立项、论证、评审、审批程序的暂行规定》等制度。关于资金运作，公司规定必须由经办部门提出书面报告，经过总经理阅示后送交各个职能部门传阅、会签，并提出处理意见，然后由总会计师审核、签署意见，最后再由总经理签字确认，下达落实。

这种做法有效地控制了与此相关的资金权限，避免了决策失误和舞弊事件的发生。

2. 限制应收账款，减少坏账损失

该公司规定建筑施工业务的应收账款额度不得超过其产值的5%。房地产业务的应收账款额度不得超过其产值的1%。

同时经常对已经发生的应收账款进行结构分析，并组织力量加强催讨，比较应收账款的资金成本和回报，并加以严格的考核。

3. 规范融资担保，控制债务风险

基于事先调查的基础，制订全年融资计划，同时分解下达到各个子公司，并将其列入考核指标。

规定下属有权独立融资的子公司要按照总计划融资。融资时先填写"融资担保审批表",注明贷款银行、金额、期限及所贷资金的用途和可能产生的资金效益等,经法人代表签字并加盖本单位财务专用章及行政章后,报公司总部投资结算部审核。投资结算部同意后再报总经理签字确认,方可由公司总部出面进行融资担保。

经同意融资的子公司必须每月报送融资情况报告,如果需要在核定的范围之外追加融资,则仍然需要重新履行相应的申请、审批手续。

这样公司总部对融资的具体分布状况有了全面的掌控,便于控制融资的规模,保证资金的合理供应,从而有效地防范了融资风险。

4. 委派财务主管,加强财务监督

公司通过"双向选择"的方式委派优秀会计人员到下属子公司担任财务主管,协助子公司当家理财。

同时赋予财务主管代表公司总部行使监督职责的必要权限。财务主管根据公司总部的要求和有关制度规定,有权对可能导致损失,危害投资者、债权人和职工利益的财务收支行为实行否决。通过这种有效的财务监督,化解了子公司经营活动中的财务风险。

导师指津

中小型企业做好财务控制,应该重点从以下6个方面入手:

1. 建立严密的财务控制制度

建立严密的财务控制制度具体包括三项制度

建立不相容的职务分离制度: 按照"不相容职务相分离"的原则合理设置财务会计及相关工作岗位,明确职责权限,形成互相牵制机制。其中,不相容职务如会计记录、财产保管、授权批准、业务经办、稽核检查等。

建立授权批准控制制度: 明确规定涉及财务会计及相关工作授权批准的权限、范围、程序、责任等,各级人员都必须在授权范围内行使职权、办理业务、承担责任。

建立会计系统控制制度: 包括核算规程、会计人员岗位职责、财务会计部门职责、会计工作规程、会计档案管理制度等。

2. 做好现金流量预算控制

企业要通过现金流量预算管理做好现金流量控制，同时要根据年度现金流量预算控制制订分时段的动态现金流量预算，以实现对日常现金流量的动态控制。

3. 做好应收账款控制

应收账款控制要做好以下 3 点：

（1）确保财务核算准确翔实，债权关系明确；

（2）依据信用品质、偿还能力、资本、抵押品、经济状况五个方面对客户做出资信评价，并制定相应信用政策；

（3）依据账龄分析，结合销售合同确定收款率和应收账款余额百分比。

4. 做好实物资产控制

非相关人员不得接触实物资产及与实物资产相关的文件。经济业务产生后必须立即入账。对实物资产采取永续盘存的方法，以随时反映其收、发、存情况。建立会计档案保管制度。

5. 做好成本控制

从原料的采购到产品最终售出，都要做好成本控制，并通过改善生产产品工艺来降低成本，同时还要通过对比投入和产出来研究成本增减与收益增减之间的关系，以制定有利于提高效益的成本控制方案。

6. 做好财务风险控制

举债给企业带来的收益具有不确定性。公司有效地利用债务，可以帮助企业大大提高收益，当企业经营好利润高时，高负债可以为企业带来高速增长；如果由于公司经营不善或其他原因导致公司资不抵债，债务将会使公司陷入资金短缺的漩涡，最终走向衰败。

五、成本控制：用最少的钱办更多的事情

成本控制是指成本控制主体在其职责范围内，根据预先建立的成本管理目标，在生产耗费发生以前和成本控制过程中，采取一系列预防和调节措施来控制各种影响成本的因素和条件，以保证实现成本管理目标的行为。

成本控制的过程就是运用系统工程的原理对企业在生产经营过程发生的各种消耗进行计算、调控的过程，同时也是发现经营薄弱环节，挖掘内在潜力，寻找降低成本方法的过程。

经典案例

美的多年名列空调产业的"三甲"之位，在降低市场费用、压低采购价格、裁员等方面，美的频换招数，但总围着成本和效率两个方面。为了降低零配件的物流、库存成本，美的实施了"供应商管理库存"。

美的较为稳定的供应商有300多家，其零配件加起来就有3万多种，自2002年中期开始，美的利用信息系统在全国范围内实现了产销信息共享。有了信息平台作保障，美的的仓库从100多个精简为8个区域仓，在8小时可以运到的地方，全靠配送。如此一来美的在流通环节降低了15%~20%的成本。距离较远的外地供应商，通常会在美的仓库里租赁一个片区（供应商承担相应库存成本）用以储备其零配件。

美的需要使用这些零配件时就会通知供应商，然后再进行资金划拨、取货等工作。这时零配件的产权才由供应商转移到美的，而在此前所有的零件库存成本都由供应商承担。

此外，美的在资源管理基础上，与供应商建立了直接的交货平台，供应商可以直接登录美的公司的页面，查询美的的订单内容，包括品种、型号、数量、交货时间等，供应商确认信息后，即形成一张合法化的采购订单。

这样供应商无须为了满足美的的订单而备很多的库存，美的零部件库存周转率提高，其零部件库存的存货水平由原来的5天~7天降低到3天左右，且这3天由供应商承担相应的库存成本。由于库存周转率的提高，促使美的的资金占用降低、资金利用率提高，资金风险降低，库存成本直线下降。

导师指津

做好成本控制才能用最好的钱办更多的事情，那么进行成本控制的方法主要有哪些呢？

1. 绝对成本控制

所谓绝对成本控制，就是将成本支出控制在一个绝对金额范围内的控制方法。

2. 相对成本控制

相对成本控制是指企业为了增加利润，要在综合考虑产量、成本、收入三者关系的基础上控制成本的方法。

3. 全面成本控制

全面成本控制是指对企业生产经营过程所产生的全部成本、成本形成的全过程、企业内所有员工参与的成本控制。

4. 标准成本法

标准成本法是指以预先制定的标准作为基础，将标准成本与实际成本进行比较，并核算、分析成本差异的方法。

5. 定额法

定额法是指将事先制定的产品定额成本作为标准，当发生生产费用时及时计算实际生产费用与定额耗费的差异额，以让管理者及时采取措施，控制生产费用，并且根据定额和差异额计算产品实际成本的方法。

六、会计核算：资金运动情况的反映

会计核算也称为会计反映，是以货币为主要计量尺度，对会计主体的资金运动进行的反映。它主要是指对会计主体已经发生或已经完成的经济活动进行的事后核算，也就是会计工作中记账、算账、报账的总称。

合理地组织会计核算形式是做好会计工作的一个重要条件，且对于保证会计工作质量，提高会计工作效率，正确、及时地编制会计报表，满足相关会计信息使用者的需求具有重要意义。

经典案例

A企业年末应收账款余额为 2 000 000 元，首次对应收账款计提坏账准备，提取坏账准备的比例为 3‰；第二年发生了坏账 12 000 元，其中甲单位为 2 000 元，乙单位为 10 000 元，应收账款余额为 2 400 000 元；第三年已冲销的乙单位的应收账款 10 000 元又收回，期末应收账款余额为 2 600 000 元。

A企业第一年、第二年、第三年末应提、补提或冲回的坏账准备和相应的账务处理如下：

（1）第一年，应提坏账准备 6 000（2 000 000 × 3%）元

借：管理费用 6 000 元

贷：坏账准备 6 000 元

（2）第二年，冲销坏账准备 12 000 元

借：坏账准备 12 000 元

贷：应收账款 12 000 元

（3）第二年年末应提坏账准备 2 400 000 × 3% = 7 200 元，当期应提坏账准备 = 计提后应有坏账准备 + （-）计提前坏账准备借方余额（贷方余额）= 7 200 + 6 000 = 13 200 元

借：管理费用 13 200 元

贷：坏账准备 13 200 元

导师指津

会计核算的内容是指特定主体的资金运动，包括资金的投入、循环周转和退出三个阶段。根据《中华人民共和国会计法》的规定，以下 7 项经济业务应该进行会计核算：

1. **款项和有价证券的收付**，如企业的销货款、购货款和其他款项的收付，股票、公司债券和其他票据的收付等；

2. **财物的收发、增减和使用**，如材料的购进与领用，产成品的入库与发出，固定资产的增加与减少。

3. **债权、债务的发生和结算**，如应收账款、应付账款、其他应收、应付款的发生和结算。

4. **资本、基金的增减**，如企业实收资本和盈余公积的增加和减少。

5. **收入、支出、费用、成本的计算**，如企业的主营业务收入，其他业务收入和支出，管理费用和产品成本

6. **财务成果的计算和处理**，如企业的销售收入大于业务成本、销售税金及附加，表现为盈利，要按照规定进行分配，反之即为亏损，要按照规定进行弥补。

7. **需要办理会计手续**，进行会计核算的其他事项。

七、应付账款：要想进，先要出

应付账款是指因购买材料、商品或接受劳务供应等而发生的应支付的款项。这是买卖双方在购销活动中由于取得物资与支付贷款在时间上不一致而产生的负债。

经典案例

某百货商场于 2015 年 9 月 25 日从 A 公司购进一批空调并已验收入库。增值税专用发票上行列明，该批空调的价款为 100 万元，增值税为 17 万元。按照双方购货协议，如果百货商场在 15 天内付清货款，可获得 1% 的现金折扣（假设计算现金折扣时考虑增值税）。那么，百货商场的有关会计分录如下：

借：库存商品　　　1 000 000 元

应交税费——应交增值税　1 700 000 元

贷：应付账款——A 公司　1 170 000 元

应付账款由 4 个部分组成：

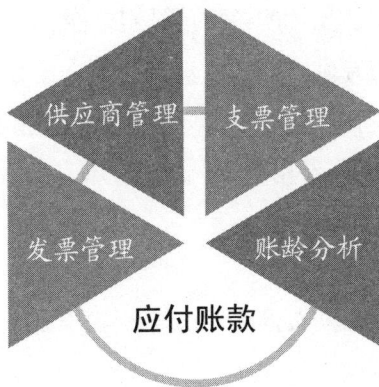

1．发票管理

输入发票后，可以对发票上所列物料的入库情况进行验证，核对采购订单物料，计算采购单与发票之间存在的差异，查看指定发票的所有采购订单的入库情况，列出指定发票的有关支票付出情况和制定供应商的所有发票和发票调整情况。

2．供应商管理

列明所有提供物料供应商的信息，包括所用币种、付款条件、付款方式、付款银行、信用状态、联系人、地址及各类交易信息。

3．支票管理

可以处理多个付款银行与多种付款方式，将开出支票与银行进行核对，查询指定银行开出的支票、作废支票和打印支票。

4．账龄分析

可以根据指定的过期天数和未来天数计算账龄，也可以按照账龄列出应付款的余额。

八、财务预算：创业未动，预算先行

财务预算是一系列专门反映企业未来一定预算期内预计财务状况和经营成果，以及现金收支等价值指标的各种预算的总称。

财务预算具体包括反映现金收支活动的现金预算；反映销售收入的销售预算；反映成本、费用支出的生产费用预算（又包括直接材料预算、直接人工预算、制造费用预算）、期间费用预算；反映资本支出活动的资本预算等。

经典案例

某股份有限公司筹备期支出预算报告

尊敬的各位发起人：

××股份有限公司于×年×月×日正式取得×××批准筹备的批复，为了加快推进筹备工作，顺利通过开业验收，为未来业务发展奠定良好基础，对筹备期各项支出逐一分解、落实，实事求是地编制了筹备期的支出预算，现在简要汇报如下：

一、筹备期预计总支出 9 350 万元，其中：

（1）预计资本性支出 6 050 万元，主要包含财务系统、投资管理系统、办公自动化系统、公司网站等的定制开发、IT 设备等约 3 230 万元，总部和营业机构装修费和办公家具等约 2 820 万元。

（2）预计费用性支出 3 300 万元，主要包含人力成本费、员工入职培训费、招聘费用等 2 500 万元，聘请法务、会计师事务所等中介机构费 100 万元，职场租赁费 300 万元。

二、预算执行中，筹备组对所有支出本着合理、必须的原则，严格按照筹备期财务管理操作办法支付，严禁随意调整和变更预算。

三、筹备期结束，公司将聘请外部会计师事务所对筹备期财务情况进行审计，并出具审计报告；相关费用在公司正式开业后转入开办费、固定资产等科目核算。

××股份有限公司（筹）

导师指津

根据不同的预算项目，财务预算可以采用固定预算、弹性预算、增量预算、零基预算、定期预算和滚动预算等方式来进行编制。

1．固定预算

固定预算又称为静态预算，是一种将企业预算期的业务量固定在某一预算水平上，因此为基础来确定其他项目预计数的预算方法。

用这种方法编制财务预算，所依据的成本费用和利润信息都只是以一个预定的业务量水平为基础来确定的，因此，预计业务量与实际业务量相差很小是固定预算法成立的前提条件。

2．弹性预算

所谓弹性预算，就是按照成本性态的不同，将所有成本分为变动成本和固定成本两大部分。

编制预算时，变动成本随着业务量的变动而变动，固定成本则在相关的业务量范围内保持不变。

3．增量预算

增量预算是指在基期成本费用水平的基础上，结合预算业务量水平及有关降低成本的措施，通过调整原有费用项目而编制预算的方法。

4．零基预算

零基预算又称为零底预算，是指在编制预算时，所有预算支出均以零为基底，从实际需要与可能出发，逐项分析各项预算费用开支的必要性、合理性及开支数额的发小，从而确定预算成本。

5．定期预算

定期预算就是以会计年度为单位编制的各类预算，即在编制预算时，以不变的会计期限（如年度）作为预算期的编制方法。

6．滚动预算

滚动预算又称为连续预算，即在编制预算时，将预算期与会计年度分离开来，使预算期始终保持为 12 个月，每过去一个月，就根据实际情况对后几个月的预算进行调整和修订，并在原预算的基础上对下一个月的预算进行增补，从而逐期向后滚动，连续不断地以预算形式对未来经营活动进行规划。

九、财务管理：管理就要有条有理

财务管理是在一定的整体目标下，关于资产的购置（投资），资本的融通（筹资）和经营中现金流量（营运资金），以及利润分配的管理。

财务管理是企业管理的一个组成部分，它是根据财经法规制度，按照财务管理的原则，组织企业财务活动，处理财务关系的一项经济管理工作。简单地说，财务管理是组织企业财务活动，处理财务关系的一项经济管理工作。

经典案例

汇丰公司是一个季节性很强、信用为 AA 级的大中型企业，每年一到生产经营旺季，企业就面临着产品供不应求，资金严重不足的问题，让公司领导和财务经理大伤脑筋。2013 年公司同样碰到了这一问题，公司生产中所需的 A 种材料面临缺货，急需 200 万元资金投入，而公司目前尚无多余资金。若这一问题得不到解决，则给企业生产及当年效益带来严重的影响。

为此公司财务经理郭峰会同公司其他财务人员商讨对策，以解燃眉之急。经过一番讨论，形成了四种备选筹资方案：

方案一：银行短期贷款。工商银行提供期限为 3 个月的短期借款 200 万元，年利率为 8%，银行要求保留 20% 的补偿性余额。

方案二：票据贴现。将面额为 220 万元的未到期（不带息）商业汇票提前 3 个月进行贴现。贴现率为 9%。

方案三：商业信用融资。天龙公司愿意以"2 / 10、n / 30"的信用条件，向其销售 200 万元的 A 材料。

方案四：安排专人将 250 万元的应收款项催回。

汇丰公司的产品销售利润率为 9%。

随后他们又认真分析了 4 种短期资金筹集方案的可行性：

方案一： 实际可动用的借款 = 200 × （1 － 20％）= 160（万元）＜ 200 万元

实际利率 = 8%/（1 － 20％）× 100% = 10% ＞产品销售利润率 9%

故该方案不可行。

方案二：

贴现息 = 220 × 9%/12% × 3 = 4.95（万元）

贴现实得现款 = 20 － 4.95 = 15.05（万元）

方案三：

企业放弃现金折扣的成本 = 2%/（1 － 2%）× 360/（30 － 10）= 36.73% ＞ 9%

若企业放弃现金折扣，则要付出高达 36.73% 的资金成本，筹资期限也只有一个月，而要享受现金折扣，则筹资期限只有 10 天。

方案四： 安排专人催收应收账款必然会发生一定的收账费用，同时如果催收过急，会影响公司和客户的关系，最终会导致原有客户减少，不利于维持或扩大企业销售规模，因此该方案不可行。

综上所述，郭峰认为票据贴现方式进行融资为佳。

导师指津

财务管理的基本内容包括以下 4 个方面：

1. 筹资管理

筹资管理是指企业根据生产经营活动对资金的需要，采取适当的方式获得资金的行为。

筹资管理要解决的问题就是如何获得企业所需的资金，包括向谁筹资、何时筹资、筹资多少等。

2. 投资管理

投资管理包括对外投资和对内投资。对外投资是指企业购买其他企业的股票和债券及兼并、收购其他企业等的对外投资活动。对内投资是指企业内部购置产期资产的投资，如购置无形资产、无形资产等。

3．资金运营

资金运营是指企业对通过资金投放所形成的各项资金的管理及有效调度。在资金运营中，主要涉及流动资产与流动负债的管理，关键是加快资金周转，提高资金的使用效果，主要包括存款决策、生产决策、信用管理、税收筹划等。

4．利润分配

利润分配就是将公司赚得的利润进行分配，即有多少作为股利发放给股东，有多少留给公司作为再投资。进行利润分类需要来考虑多个因素的影响，如税法对现金股利、资本利得不同税率的规定、股价的稳定度、企业未来的投资机会、资金来源渠道及成本、股东对当前收益和未来收益的偏好等。

十、财务报表：企业经营的真实反馈

财务报表是以会计准则为规范编制的，向所有者、债权人、政府及其他有关各方及社会公众等外部反映会计主体财务状况和经营的会计报表。

财务报表是财务报告的主要部分，不包括董事报告、管理分析及财务情况说明书等列入财务报告或年度报告的资料。

经典案例

利润表的样表如下：

利润表

编制单位： 年 月 单位：元

项目	本期金额	上期金额
一、营业收入		
减：营业成本		
营业税金及附加		
销售费用		
管理费用		

财务费用		
资产减值损失		
加：公允价值变动收益		
（损失以"－"号填列）		
投资收益		
（损失以"－"号填列）		
其中：对联企业和合营企业的投资收益		
二、营业利润		
（亏损以"－"号填列）		
加：营业外收入		
减：营业外支出		
其中：非流动资产处置损失		
三、利润总额		
（亏损总额以"－"号填列）		
减：所得税费用		
四、净利润		
（净亏损以"－"号填列）		
五、每股收益		
（一）基本每股收益		
（二）稀释每股收益		

现金流量表样表如下：

现金流量表

编制单位：　　年　月　　单位：元

项目	本期金额	上期金额
一、经营活动产生的现金流量：销售商品、提供劳务收到的现金		
收到的税费返还		

收到其他与经营活动有关的现金		
经营活动现金流入总计		
购买商品、接受劳务支付的现金		
支付给职工及为职工支付的现金		
支付的各项税费		
支付其他与经营活动有关的现金		
经营活动现金流出小计		
经营活动产生的现金流量净额		
二、投资活动产生的现金流量：		
收回投资收到的现金		
取得投资收益收到的现金		
处置固定资产、无形资产和其他长期资产收回的现金净额		
处置子公司及其他营业单位收到的现金净额		
收到其他与投资活动有关的现金		
投资活动现金流入小计		
构建固定资产、无形资产和其他长期资产支付的现金		
投资支付的现金		
取得子公司及其他营业单位支付的现金净额		
支付其他与投资活动有关现金		
投资活动现金流出小计		
投资活动产生的现金流量净额		
三、筹资活动产生的现金流量		
吸收投资收到的现金		
取得借款收到的现金		
收到其他与筹资活动有关的现金		
筹资活动现金流入小计		

续表

偿还债务支付的现金		
分配股利、利润或偿付利息支付的现金		
支付其他与筹资活动有关的现金		
筹资活动现金流出小计		
筹资活动产生的现金流量净额		
四、汇率变动对现金及现金等价物的影响		
五、现金及现金等价物净增加额		
加：期初现金及现金等价物余额		
六、期末现金及现金等价物余额		

导师指津

一套完整的财务报表包括资产负债表、利润表（或称为损益表）、现金流量表、所有者权益变动表和财务报表附注。

1. 资产负债表

资产负债表反映的是企业资产、负债及资本的期末状况。其编制时遵循的会计等式为：资产 = 负债 + 所有者权益。资产负债表在任何时候都必须是平衡的，任何资产或负债的变化都会引起权益相应的变化。

2. 利润表

利润表又称为损益表、收益表，它反映的是企业在某一会计期间收入、费用和应当计入当期利润的利得和损失金额和结构的情况。损益表遵循的会计等式为：利润 = 收入 - 成本费用。

3. 现金流量表

现金流量表反映的是企业现金流量的来龙去脉，包括经营活动、投资活动和筹资活动三个部分。现金流量表遵循的会计等式为：现金净流量 = 现金流入 - 现金流出。

4. 所有者权益变动表

所有者权益变动表反映的是某一会计期限内企业所有者权益（股东权益）总量的增减变动情况，包括股东结构变动情况，尤其是要反映直接计入所有者权益的利得和损失。

5. 财务报表附注

财务报表附注是多财务报表的编制基础、编制依据、编制原则和方法及主要项目等所作的解释，一般包括企业的基本情况、财务报表编制基础、遵循企业会计准则的声明、重要会计政策和会计估计、会计政策和会计估计变更及差错更正的说明、重要报表项目的说明等。

十一、财务分析：利润分析是老板的必修课

财务分析是以会计核算和报表资料及其他相关资料为依据，采用一系列专门的分析技术和方法，对企业等经济组织过去和现在有关筹资活动、投资活动、经营活动、分配活动的盈利能力、营运能力、偿债能力和增长能力状况等进行分析与评价的经济管理活动。

财务分析是为企业的投资者、债权人、经营者及其他关心企业的组织或个人了解企业过去、评价企业现状、预测企业未来做出正确决策提供准确的信息或依据的经济应用学科。

财务分析的方法与分析工具众多，具体应用应根据分析者的目的而定。最经常用到的还是围绕财务指标进行单指标、多指标综合分析、再加上借用一些参照值（如预算、目标等），运用一些分析方法（比率、趋势、结构、因素等）进行分析，然后通过直观、人性化的格式（报表、图文报告等）展现给用户。

经典案例

YD 实业集团有限公司（简称 YD 集团）是一个乳制品企业，所属行业为食品制造业或食品生产，主要产品有奶粉、雪糕、冰激凌、牛奶和牛奶饮料。依

据 YD 实业集团有限公司 2013 年~2015 年的财务报表为基础资料，对其 2013 年~2015 年的各年度的短期偿债能力分析如下：

下表是 YD 集团近三年短期偿债能力比率。

项目	2013 年	2014 年	2015 年
流动比率	74.11%	67.83%	53.08%
速动比率	48.77%	42.11%	27.99%
现金流量与流动负债比	14.46%	28.53%	20.98%

从上表可以看出，YD 股份近 3 年的短期偿债能力比较弱。

仅从流动比率和速动比率变动来看，从 2013 年起短期偿债能力表现为一种下降的趋势，再结合现金流量分析，可以看出 2014 年现金流量与流动负债比呈现上升趋势，因为 2014 年企业销售商品、提供劳务收到的现金同比增加，致使经营活动现金净流量上升；2015 年流动负债合计同比呈现下降趋势，但是因为支付的与其他经营活动有关的现金呈现大幅度的上升，致使经营活动的现金流出同比增加较多，所以现金流量与流动负债比与 2014 年相比较，还是呈现下降趋势。

YD 集团股份近 3 年流动比率都小于 2。通常理论上流动比率以 2 为标准，但具体要结合行业状况和经营状况分析。

从速动比率来看，YD 集团股份近 3 年的值都远低于标准值 1。食品制造业中大型企业的流动比率加权平均数为 0.94，速动比率的加权平均数为 0.39。从分析可知 YD 集团股份流动比率的值均低于行业平均值，速动比率在行业平均值上下浮动。经营现金净流量与流动负债的比率，3 年的值都大于 0，说明 YD 集团股份的现金偿还能力较强，但在各年中都有较大波动。

这三个指标都要结合行业水平和竞争对手的水平分析才更有意义。仅从本身 3 年的变化趋势看，YD 集团股份的短期偿债能力比较弱。

导师指津

财务分析是评价企业经营状况的一条重要途径。企业常用的财务分析指标主要有偿债能力指标、营运能力指标、盈利能力指标和发展能力指标。

1. 偿债能力指标

偿债能力是指企业偿还债务（包括本息）的能力，包括短期偿债能力和长期偿债能力。

（1）短期偿债能力指标

流动比率 = 流动资产÷流动负债×100%；

速动比率 =（流动资产－存货－其他流动资产）÷流动负债×100%。

（2）长期偿债能力指标

资产负债率（或负债比率）= 负债总额÷资产总额×100%；

产权比率 = 负债总额÷所有者权益×100%。

2. 运营能力指标

运营能力是指企业基于外部市场环境，通过内部人力资源和生产资料的配置组合而对财务目标实现所产生作用的大小。其指标主要包括以下几个：

（1）流动资产周转情况指标

① 应收账款周转率

应收账款周转率（次）= 营业收入净额÷平均应收账款余额；

应收账款周转天数（平均应收账款回收期）= 360÷应收账款周转率 =（平均应收账款×360）÷营业收入净额。

② 存货周转率

存货周转率（次）= 营业成本÷平均存货；

存货周转天数 = 360÷存货周转率 =（平均存货×360）÷营业成本。

③ 流动资产周转率

流动资产周转率（次）= 营业收入净额÷平均流动资产总额；

流动资产周转天数 = 360÷流动资产周转率 =（平均流动资产×360）÷营业收入净额。

（2）固定资产周转情况

固定资产周转率（次）= 营业收入净额÷平均固定资产；

固定资产周转天数 =（平均固定资产净值×360）÷营业收入。

（3）总资产周转情况

总资产周转率＝营业收入净额÷资产平均总额；

总资产周转天数＝（平均资产总额×360）÷营业收入。

3. 获利能力指标

获利能力是指企业资金增值的能力，通常表现为企业受益数额的大小与水平的高低。

营业利润率＝主营业务利润÷主营业务收入×100%；

成本费用利润率＝利润总额÷企业成本费用总额×100%；

总资产报酬率＝（利润总额＋利息支出）÷平均资产总额×100%；

净资产收益率＝（净利润÷平均净资产）×100%。

4. 发展能力指标

发展能力是指企业在生存的基础上，扩大规模、壮大实力的潜在能力。衡量的主要指标有以下几个：

营业收入增长率＝本期营业收入增长额÷上期营业收入总额×100%。

资本保值增值率＝扣除客观因素后的本年末所有者权益总额÷年初所有者权益总额×100%。

总资产增长率＝本期总资产增长额÷年初资产总额×100%。

营业利润增长率＝本期营业利润增长额÷上年营业利润总额×100%。

十二、财务危机：企业生存的"晴雨表"

财务危机是指企业在日常运营活动中无法生产足够的现金流量来满足资本所有者的要求（包括债权人的偿付要求和投资者的报酬要求），而引起的财务紧张和财务困难。

财务危机有以下4种表现形式：

1	从企业经营情况看
● 产销严重脱节； ● 企业销售额和销售利润明显下降； ● 多项绩效评价指标出现严重恶化。	

2	从企业资产结构看
● 应收账款答复增长； ● 产品库存量增多。	

3	从企业偿债能力看
● 偿还到期债务能力不足； ● 流动资产不足以偿还流动负债； ● 总资产低于总负债。	

4	从企业现金流量看
● 偿还即将到期债务的现金流不足； ● 现金总流入小于现金总流出。	

经典案例

巨人集团成立于 1989 年 8 月，至 1993 年年底在全国各地成立了 38 家全资子公司。集团在一年内推出中文手写电脑、中文笔记本电脑、巨人传真卡、巨人中文电子收款机、巨人钻石财务软件等产品，实现年销售额 300 亿元，年利税 4 600 万元，成为中国极具实力的计算机企业。

1994 年巨人集团进军房地产，2 月巨人大厦开始动工。同年 8 月，史玉柱提出"巨人集团第二次创业的总体构想"，总目标是：跳出计算机产业，走向产业多元化的扩张之路，以发展寻求解决矛盾的出路。

1995 年巨人集团在全国一次性推出计算机、保健品、药品三大溪流 30 个产品，投放广告 1 亿元，子公司扩展到 228 个，员工发展到 2 000 人。多元化的快速发展使得巨人集团自身的弊端暴露无遗，1995 年 7 月史玉柱宣布进行整改，但是整顿并没有从根本上扭转局面，1995 年 9 月巨人集团的发展形势急转直下，步入低潮。

1996 年初，为挽回局面，史玉柱将公司重点转向减肥食品"巨不肥"，3 月份"巨不肥"营销计划顺利展开，销售大幅上升，公司情况有所好转，但是公司旧的制度弊端、管理缺陷并没有得到解决，这时巨人大厦资金告急，史玉柱决定将保健品方面的全部资金调往巨人大厦，保健品业务由于资金"抽血"过量，再加上管理不善，迅速盛极而衰，巨人集团危机四伏。

1997 年初，只建到地面三层的巨人大厦停工。巨人集团终因财务状况不良而陷入了破产的危机之中。巨人集团终由一个神话变成了一个破灭的辉煌。

导师指津

企业出现财务危机将会给企业的正常经营带来非常消极的影响，甚至导致企业最终破产。那么应该如何有效来避免产生财务危机呢？

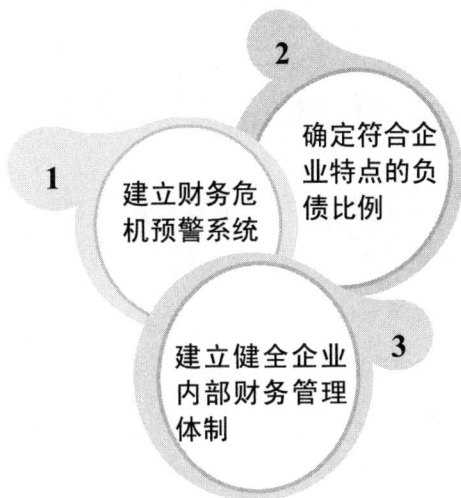

1 建立财务危机预警系统

2 确定符合企业特点的负债比例

3 建立健全企业内部财务管理体制

1. 建立财务危机预警系统

财务危机预警系统就是通过设置并观察一些敏感性财务指标的变化，而对企业可能或将要面临的财务危机进行预测、预报的财务分析系统。当财务发生危机时，它能帮助经营者及时寻找导致财务恶化的原因，使经营者对症下药，制定有效措施，阻止财务状况进一步恶化。

2. 确定符合企业特点的负债比例

企业经营负债经营时必须考虑企业的负债规模和偿债能力，根据企业的特点确定企业的负债比例，企业要做好以下几点：

- 注意负债经营的临界点，避免超过临界点造成财务危机；
- 注意筹资结构，合理安排权益融资和负债融资的比例；
- 合理安排偿还债务的时间和额度，尽量做到平稳偿债，避免还款过于集中。

3. 建立健全企业内部财务管理体制

企业要根据企业内部经营组织形式，构建与自身管理需要相适应的财务管理体制。此外，财务管理体制的构建要做到：以企业内部各单位的经济职责确定其财务责任，以内部各单位所承担的财务责任的大小确定其财权大小，以内部各单位财务责任大小及履行情况确定其利益大小。

十三、银行承兑汇票：降低财务成本的利器

银行承兑汇票是商业汇票的一种，它是由在承兑人银行开立存款账户的存款人出票，向开户银行申请并经银行审查同意汇兑的，保证在指定日期无条件支付确定的金额给收款人或持票人的票据。

对于出票人来说，使用银行承兑汇票可以帮助企业通过减少支付贷款利息，进而达到降低财务成本的目的。

银行承兑汇票的期限最长不超过 6 个月，承兑申请人在银行承兑汇票到期未付款的，要按照规定计收逾期罚息。

经典案例

某企业获得某商业银行授信额度为 2 000 万元，在授信额度内该企业可申请 6 个月期限的流动资金贷款 2 000 万元，贷款利率按基准率上浮 60%，即年利率为 8.496%，企业也可以申请开立期限为 6 个月的定期存款利率支付给企业保证金存款利息（半年期存款利率为 1.98%）。

企业实际获得银行承兑汇票敞口额度为 2 000 万元，银行按承兑汇票票面金额的万分之五收取开票手续费，按照目前人民银行基准贴现率 3.24%上浮 20%计算，即 3.888%。

根据上述条件，企业应分别计算贷款与承兑汇票两种融资方式的资金成本，从中选择成本较低的方案。具体计算方法如下：

银行贷款：

（1）资金成本 = 2000 × （8.496% ÷ 360） × 180 = 84.96 万元

（2）年资金成本率 = 84.96 ÷ 2000 × 2 × 100% = 8.496%

银行承兑汇票：

（1）资金成本

① 承兑汇票贴现利息 = 5000 × （3.888% ÷ 360）× 180 = 97.2 万元

② 保证金存款利息 = 3000 × （1.98% ÷ 360）× 180 = 29.7 万元

③ 开票手续费 = 5000 × 0.05% = 2.5 万元

资金成本合计 = ① - ② + ③ = 97.2 - 29.7 + 2.5 = 70 万元

（2）年资金成本率 = 70 ÷ 2000 × 2 × 100% = 7%

通过以上计算可知，该企业选择使用银行贷款的资金成本为 84.96 万元，年金成本即贷款年利率为 8.496%；而选择使用银行承兑汇票的资金成本为 70 万元，年资金成本率即贷款年利率为 7%。因此使用银行承兑汇票的成本比银行贷款低，该企业应该选择使用银行承兑汇票。

导师指津

申请办理银行承兑汇票须向银行提出书面申请，并提交相关资料，经开户行审核批准后可办理相关贴现手续。

申请办理银行承兑汇票，须向银行提交以下资料：

① 银行承兑汇票申请书，主要包括汇票金额、期限和用途、保证金比例及承兑申请人承诺汇票到期无条件兑付票款等内容；

② 通过年审的营业执照、经营许可证、企业代码证、法定代表人资格证明及本人身份证、护照原件及复印件；申请人章程、验资报告、税务登记证；

③ 经中国人民银行年审合格的贷款卡原件；

④ 申请人与其前手之间的商品交易合同、增值税发票等资料的原件及复印件；

⑤ 上年度和当期的资产负债表、损益表和现金流量表；

⑥ 银行要求的其他资料。

十四、代理记账公司：企业的财务保姆

代理记账公司是指经批准设立的从事会计代理记账业务的中介机构。

《会计法》规定，不具备设置会计机构条件的企业可以将本企业的会计核算、记账、保税等一系列工作全部委托给专业的记账公司完成，本企业只设立出纳人员，负责日常货币收支业务和财产保管等工作。

经典案例

徐亮三年前开始投身汽配领域，随着生意不断扩大，产品进销量、往来账、成本核算等也越来越烦琐，特别是成立公司之后，每月的纳税申报更是花费了他大量的精力。

为了减轻自己的负担，徐亮聘请了会计，但是几次招聘来的会计不是专业度不高，就是工作不专心，害得徐亮浪费了请人的钱，财务上的工作还弄得一团糟。

后来，徐亮经人介绍找了一家代理记账公司，徐亮只需每月向记账公司交一定的服务费，记账公司就会专门找人为他打理关于财务、税务方面的事情，包括记账、申报、纳税、减免税、年审等事务。

有了记账公司，徐亮不用操心财务、税务上的任何事情，只要一心一意地做好大生意，由于轻装上阵，现在徐亮的汽配公司已经从小规模纳税人做到了一般纳税人，在业界也小有名气了。

导师指津

选择会计代理记账公司可以从专业性、公司规模、客户数量等方面综合考虑是否选择该家公司成为自己的会计代理记账公司。

1. 公司专业性

代理记账公司是否具有正规财务代理记账资格，是否拥有《代理记账许可证书》。在查验其职业证书时要注意检查资格证书上的公司名称是否与营业执照上的名称一致，以及许可证是否通过年检，是否在有效期内。

2．公司的规模

要全面了解代理记账公司的从业人员人数、学历、业务水平等信息，查询其企业信誉、收费水平，询问其代理业务能力和代理记账情况，观察期办公环境、服务质量等。

3．客户数量

了解代理记账公司的客户数量，以及客户所从事的行业，查看是否有与自己行业相关的客户。

第四章

名企只做不说的营销秘籍
——营销策略

在当今纷繁变幻的商业世界里，墨守成规无异于自取灭亡。如果你还缓步走在使用老一套营销技巧的道路上，那么你很快就会被竞争对手甩在后面，此时需要做的是引领企业进入快车道！

营销是 21 世纪的终极杠杆！在 21 世纪，伟大的成功只会降临在那些令人敬畏的市场商人身上。

创业导师观点分享： **史玉柱** 巨人网络集团董事长

史玉柱营销的"六脉神剑"：1. 直劈脑海的产品定位；2. 重复、重复、再重复；3. 把广告当做产品；4. 把事情做到极致；5. 不做不愿意家人看到的广告；6. 坚决不降价。

在营销手段的使用上必须有一个重点，必须加大人力、物力、财力，做重点地区，使用重点手段，做深做透。一个企业资金实力再雄厚，也只能在几个重点行业、重点地区、重点产品上下功夫，如果没有重点平均用力，必然会失败。

一、营销策划：好策划带来好业绩

营销策划是在对企业内部环境予以准确地分析并有效运用经营资源的基础上，对一定时间内的企业营销活动的行为方针、目标、战略及实施方案与具体措施进行设计和计划。直白地讲，就是对产品或品牌进行推广销售的策略。

经典案例

2015 年 12 月 22 日晚，"吴亦凡欢迎回家每个你+舒克"的告白字样闪耀广州塔，引发路人纷纷驻足，不少吴亦凡的粉丝闻讯纷纷赶来，举着吴亦凡的海报在塔下合影留念。

原来"每个你"是吴亦凡粉丝的昵称，而"舒克"则是国内发展强势的口腔护理品牌。于是真相浮出水面，广州塔的告白原来是舒克联合"每个你"发起的一次大型欢迎吴亦凡的活动。

舒克在 18 日就通过微博发起"#吴亦凡"的话题活动，短短 4 天内就被超过百万人讨论与转发。直到 22 日晚广州塔出现"吴亦凡欢迎回家"的字样后，现场和微博上粉丝的活跃度更是达到巅峰，纷纷表示被"舒克暖哭了"，表达出了"每个你"最想说的话。舒克也因本次活动获得很多"每个你"的青睐。

导师指津

要设计出一套好的营销策划方案，需要做好以下 4 个方面的工作：

1. 掌握营销理论，建立知识架构

要学习相关营销理论，如客户类型分析、消费心理学、经济心理学等，学会运用理论，建立自己的知识架构。

2. 注重市场信息调查

进行市场信息调查包括 3 个方面：

- 本区域内客户需求趋势调查；

- 同行业竞争对手的信息；

- 向销售一线的人员进行调查。

3. 注重营销方案的总结

注重每次营销方案执行之后的总结和评估，以不断总结和改进。此外，要注重收集其他营销策划方案和案例，不断总结与学习好的营销方法。

4. 有意识地适应现代营销方式的变革

必须要跟踪新的营销思想变化，此外新媒体的不断变化会对营销沟通方式方法产生质的变化，因此要适应来自媒体的变革。而新的生活方式与形态会使目标客户群体的出现"场合"发生新的变化，所接受的营销媒体等也会发生变化，所以还要适应来自客户新的生活方式与形式的变化。

二、市场细分：在异质市场中求同质

市场细分是指营销者通过市场调研，根据消费者在消费需求和欲望、购买行为和购买习惯等方面存在的差异，将某一产品的整体市场划分为若干个不同消费群体的市场分类的过程。

在市场细分中，每一个消费群体就是一个细分市场，每一个细分市场都由具有类似需求倾向的消费者构成。

市场细分的基础是消费者需求的异质性，进行市场细分的依据是异质市场中需求一致的消费群，其实质就是在异质市场中求同质，即在需求不同的市场中将有相同需求的消费者聚合到一起。

经典案例

法国欧莱雅集团是世界 500 强企业之一，从进入中国市场至今，其以与众不同的优雅品牌形象，加上全球顶尖演员、模特的演绎，向公众充分展示了"巴黎欧莱雅，你值得拥有"的理念，品牌和产品深受消费者青睐。欧莱雅在中国的成功业绩，关键取决于欧莱雅公司独特的市场细分策略。

首先，公司依据产品的使用对象进行市场细分，主要分为普通消费者化妆品和美容院等专业场所使用的专业化妆品。

其次，公司按照品种对化妆产品进行划分，如护肤、染发护发、彩妆等，同时按照使用部位、颜色等不同对每一品种再进行细分，如按照使用部位不同将彩妆分为睫毛膏、眉笔、口红等，再按照颜色的不同，将口红细分为无色、大红、粉红等，按照口红功效的不同，又将其分为保湿型、明亮型、滋润型等。如此对产品进行步步细分，从而将化妆品的品种细分几乎推向极限地步。

再次，根据中国地域广阔，鉴于南北、东西地域气候、习俗、文化等存在差异，人们对化妆品的喜好有明显不同，如南方的人倾向于淡妆，北方的人偏爱浓妆，欧莱雅敏锐地意识到这一点，在南北不同地区推出不同的主打产品。

最后，欧莱雅还采用可其他相关细分方法对产品进行细分，如按照原材不同、按照适用年龄不同等。

由于欧莱雅公司对中国市场分析到位，定位明晰，欧莱雅产品在中国市场的销售额持续上升，兰蔻、美宝莲、欧莱雅染发等多个产品在中国市场占据第一的位置。

导师指津

市场细分是一个比较、分类、选择的过程，在具体操作中应该遵循一定的步骤：

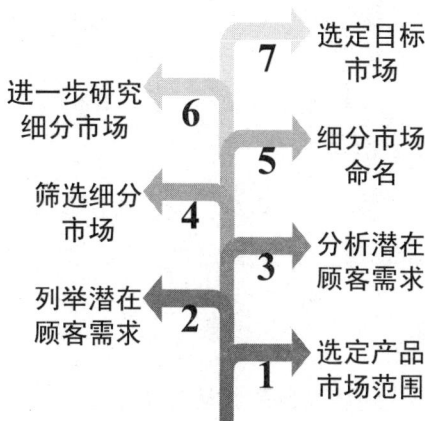

1. 选定产品市场范围
2. 列举潜在顾客需求
3. 分析潜在顾客需求
4. 筛选细分市场
5. 细分市场命名
6. 进一步研究细分市场
7. 选定目标市场

1．选定产品市场范围

根据企业自身的经营条件和经营能力选择进入市场的范围，如进入何种行业，生产何种产品，提供何种服务等。确定产品市场范围应该以顾客的需求为标准，而不是产品本身的特性。

2．列举潜在顾客需求

根据地理、人口、年龄、消费心理等因素列出影响产品市场需求和顾客购买行为的变数，并尽量全面地列出潜在顾客的基本需求，为之后的深入研究提供资料和依据。

3．分析潜在顾客的需求

对列出的各种需求进行分析，初步划分出差异最大的细分市场，然后对不同的潜在顾客进行抽样调查，并分析评价所列出的需求因素，从中了解顾客在需求上的相似性。

4．筛选细分市场

对各个细分市场进行调查、分析和评估，从中剔除不符合要求、无用的细分市场。

5．细分市场命名

结合细分市场中顾客的特点，为各个细分市场制定形象化、直观化的名称，以便于后续操作。例如，旅游市场的细分市场可以分为冒险型、好奇型、享受型、经常外出型等。

6．进一步研究细分市场

对细分市场进行进一步的调研研究，充分认识各个细分市场的特点，以及本企业所选定细分市场的规模、需求特点等。

7．选定目标市场

根据企业自身的经营优势和特色，从各个子市场中选择适合自己的子市场作为目标市场。

经过上述个步骤即完成了市场细分的工作，选定好目标市场后，企业可以根据自身的实际情况采取相应的目标市场策略。

三、饥饿营销：要作秀，更要造势

所谓"饥饿营销"，就是指商品提供者有意调低产量，以期达到调控供求关系、制造供不应求"假象"、维持商品较高售价和利润率的目的。

实质上饥饿营销就是通过调节供求两端的量来影响终端的售价，达到加价的目的。

经典案例

小米手机炙手可热的制胜法宝就是"饥饿营销"！2013 年 8 月 12 日中午 12:00 整，小米公司的最新手机"红米"首轮开房购买在某电商网站开始。这个号称"史上最疯狂"预约的活动仅仅持续了五分钟，就以"全部售罄"的方式结束。

很多人表示，小米手机这个价位显然比较超值，在市场上这个价位也就能买到山寨机，不过 12:00 准时开始抢购都抢不到，让人怀疑根本就买不到。小米公司首批"红米"手机仅 10 万部的数量，让人不禁想到"饥饿营销"，或许等吊够了消费者的"胃口"，也就没有了所谓抢购，可以公开供应了。

导师指津

表面上饥饿营销的操作很简单，定个惊喜价，将潜在客户吸引过来，然后限制供货量造成供不应求的热销假象，从而提高售价，赚取更高的利润。但是饥饿营销的最终作用不仅仅是为了调高价格，更是为了对品牌产生高额的附加价值，从而为品牌树立起高价值的形象。

要做好饥饿营销，可以遵循以下 4 个步骤：

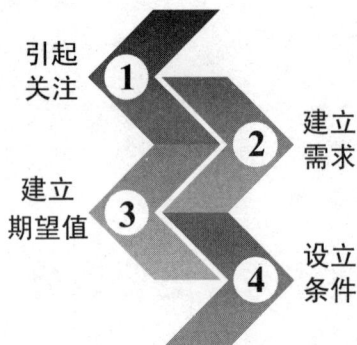

1．引起关注

实施饥饿营销，首先要做的就是引起用户的关注，让大家对你的产品产生兴趣，是建立初步认识的第一步。通常免费和赠送是最能吸引用户的手段。

2．建立需求

仅仅引起用户的关注是不够的，还要让用户发现自身对产品有需求。如果用户只是关注，而自身却没有需求，不想拥有还是无法实现营销的目的，所以要让用户建立需求。

3．建立期望值

成功地引起用户的关注，建立起用户的需求后，还要帮助用户建立一定的期望值，让用户对产品的兴趣和拥有欲望越来越强烈。

4．设立条件

前面的铺垫已经做好，最后还要设立得到产品的条件，如产品限量、凭借预约码购买等。

四、捆绑销售：聪明的搭配营销

捆绑销售是指经营者将两种或两种以上的商品作为一个销售单位一次性出售给顾客的行为。

目前市场上最常见的捆绑销售主要有 3 种形式：

同种商品捆绑销售： 即将同一种商品采用集合包装的方式出售，如香烟以一条（10 包）、卫生纸以一提（10 卷或 12 卷）为一销售单位。

赠送捆绑销售： 即顾客在购买某种商品时，经营者随带赠送一定数量的同种或其他种类商品，也就是时下最为常见的"买几赠几"现象。

互补捆绑销售： 就是将在消费上有关联的产品作为一个单位卖给顾客。具体又可分为同一品牌（或同一企业）产品的互补式捆绑销售和不同品牌（不同的企业）产品的互补式捆绑销售，如购买某一牌子的手机，必须购买同一牌号的电池等。

经典案例

在这个泛媒体、泛娱乐、泛营销的时代，真正有质量的娱乐营销依然属稀缺资源，而娱乐营销更非简单的冠名与赞助。

优质节目和强势企业品牌的绑定本身将成为中国电视行业营销发展的趋势。而成功的捆绑营销，可以用最短的时间在消费者心中提升品牌并有力促成销售。

立白洗衣液、加多宝凉茶、蒙牛酸酸乳等都是娱乐捆绑营销的典型案例，以立白洗衣粉为例，它与《我是歌手》的捆绑可谓是成功至极。

1. 理念捆绑

品牌的捆绑，理念的趋同是融合节目与商业的营销模式之一。借助节目进行推广，一方面提高知名度，一方面提升品牌。《我是歌手》节目元素和立白品牌结合，立白与《我是歌手》的契合点是实力。借用这个活动，让消费者感受到品牌的实力。

2. 节目元素捆绑

立白享有湖南卫视《我是歌手》冠名权益，还有联合 Logo 的使用权。立白方面参与节目与企业元素如何与节目结合及设计。此外，立白还专门派人出人员参与《我是歌手》节目内容的讨论，堪称 2013 年初最积极的电视节目冠名商。

3. 宣传捆绑

在节目播出的同时，立白打造了一个综合性的营销平台，从线上的多媒体运用到线下的整合推广每一个环节都紧密配合，而《我是歌手》节目则是这个整合性营销平台的切入点和引爆点。立白进行了线上多媒体的整合传播，包括电视、网络、户外等，同时线下也开展了全面的营销推广，包括卖场、大篷车活动等，目的就是在助力节目的同时借力节目，实现双方共同发展。

4. 促销捆绑

《我是歌手》节目播出期间，北京、上海、广州各大公交站和地铁站台上出现了大量《我是歌手》的宣传广告，这并非湖南卫视将宣传造势打向重点城市，而是立白洗衣液自掏腰包所做得宣传。据了解，单在广州市，立白就投放了近200个公交地铁站台广告，以及数十场下线活动，并在全国所有的卖场播放宣传片。

导师指津

捆绑销售并不是说任何产品和服务都可以随意捆绑在一起，要想借助捆绑销售达到"1 + 1 > 2"的效果，在选择商品时要遵循以下3个原则：

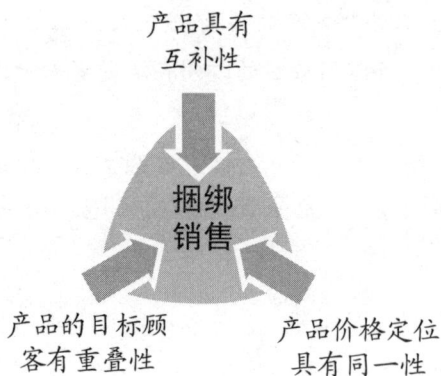

产品具有
互补性

捆绑
销售

产品的目标顾
客有重叠性

产品价格定位
具有同一性

1. 产品具有互补性

在捆绑销售中，具有战略互补性的产品通常来说具有两个特点：其一，它们在销售中被联系在一起或者可以被联系在一起；其二，它们对彼此的竞争地位有显著的影响。

产品的互补性越强，则消费者在购买一件产品的同时就会需要另一件产品；相反，如果另一件产品是替代品，消费者在选择其中一件产品的同时一般就不再需要另一件产品。

2. 产品的目标顾客有重叠性

捆绑销售的产品其目标市场要有较大的交叉重叠部分，这样才能捆绑销售的产品是目标消费者需要的。

如果捆绑销售的产品面对的是完全不同的消费群，要想实现捆绑销售的目的则只有这不同的消费者同时购物且达成利益均摊的协议才有可能，而这样的几率却是非常小的。

3. 产品价格定位具有同一性

处于一定社会阶层的人具有特定的购买需求，进行捆绑销售的产品要都能满足这个需求层次消费者的需求。因此，如果捆绑产品都属于奢侈品，那么富裕阶层和小康阶层的消费者更乐于选择；如果捆绑产品都属于低廉产品，低收入的消费者更乐于选择。而假如捆绑的产品属于不同档次，一个为奢侈品，一个为低廉品，则在消费者购买时很难实现协调。

五、整合营销：线上线下打组合拳

整合营销是一种与独立营销相对应的营销方式。独立营销包括广告、直接营销、销售促进、人员推销、包装、事件、赞助和客户服务。整合营销是战略性地审视整合营销体系、行业、产品及客户，从而制定出符合企业实际情况的整合营销策略。

在整合营销传播中，消费者处于核心地位，企业以满足顾客的需求为宗旨，以顾客需求为中心，变单向诉求和灌输为双向沟通。

经典案例

DHC是日本的一个化妆品品牌，它进入中国市场的时间相比要比其他欧美品牌要晚很多，对于化妆品而言，想在一个新市场当中抢得一席之地，即使大量的营销投入，也未必完全可以实现目标。DHC在营销中就采取了体验营销和整合营销策略。

网络病毒营销互联网是消费者学习的最重要的渠道，在新品牌和新产品方面，互联网的重要性第一次排在电视广告前面。

DHC 采用广告联盟的方式，将广告遍布大大小小的网站，因为采用了大面积的网络营销，其综合营销成本也相对降低，并且营销效果和规模要远胜于传统媒体。

体验营销良好的品牌体验比正面的品牌形象要强有力的多。DHC 采用试用体验的策略，用户只需填写真实信息和邮寄地址，即可拿到 4 件套的试用装。当消费者试用过 DHC 产品后，那么就会对此有所评价，并且与其他潜在消费者交流。

口碑营销消费者对潜在消费者的推荐或建议，往往能够促成潜在消费者的购买决策。铺天盖地的广告攻势，媒体逐渐有失公正的公关，已经让消费者对传统媒体广告信任度下降，口碑传播往往成为化妆品消费最有力的营销策略。

会员制体系类似于贝塔斯曼书友会的模式，只需通过电话或上网索取 DHC 免费试用装，以及订购 DHC 商品的同时自动就会成为 DHC 会员，无须缴纳任何入会费与年会费。DHC 会员还可获赠 DM 杂志，成为 DHC 与会员之间传递信息、双向沟通的纽带。采用会员制大大提高了 DHC 消费者的归属感，拉近了 DHC 与消费者之间的距离。"

导师指津

整合营销是以顾客需求为出发点来系统地思考营销问题，其实实施过程是一项庞大的工程，涉及企业的多个部门和多项活动，其基本程序如下：

1. 创建数据库

创建数据库是整合营销规划的起点。数据库包括历史数据和预测数据，其中历史数据记录的是顾客的姓名、地址、购买次数、购买价格、对优惠措施的评价等信息；预测数据是通过分析顾客属性来判断哪种顾客群可能对某项特定优惠做出回应，以帮助预测顾客未来的购买行为。

2．目标市场选择

根据数据库资料，企业进行市场细分后选择拟进入的目标市场，并进行相应的市场定位。同时，在特定的目标市场将消费者及潜在消费者的行为信息划分为本品牌的忠诚消费者、他品牌的忠诚消费者、游移消费者三类，并依据他们在品牌认知、信息接收方式及渠道偏好等方面的不同，开展有针对性的营销活动。

3．借助渠道与消费者沟通

合理地选择与消费者进行沟通的时间、地点、方式，通过媒体广告、店内推广、产品包装、口头交谈等方式，强化可控的对产品与服务有利的正面传播，减缓不可控的或不利于产品与服务的负面传播，从而强化消费者对产品品牌的感觉与态度。

4．制定营销策略

在目标市场选择和与消费者沟通的基础上，依据数据库中的营销数据，制定明确的营销战略目标,并将其与企业战略和企业其他业务相结合,实现营销整合。

5．营销工具选择

以营销战略目标为指导，根据消费者的需求、愿意付出的成本，以及消费者的沟通方式选择营销工具。

6．沟通整合

根据顾客信息对不同类型的消费者分别确定不同的传播目标，运用不同的传播工具，如广告、营业推广、人员推销等，并根据实际情况结合使用多种工具，整合协同力量。

六、体验营销：试，是一种生活态度

体验营销是指企业通过采取让目标顾客观摩、聆听、尝试、试用等方法，使其亲身体验产品或服务，让顾客实际感知产品或服务的品质、性能，从而促使顾客认知、喜好并购买产品或服务的一种营销方式。

这种营销方式突破传统上"理性消费者"的假设，认为消费者消费时是理性与感性兼具的，消费者在消费前、消费中和消费后的体验才是购买行为与品牌经营的关键。

经典案例

不知不觉时代的变迁将我们带进了互联网+的大背景之下，家电营销也从大卖场、专卖店、专柜、网上店铺，升级为O2O模式，即线上线下联动。而"互联网+"大数据、大智慧，对营销环节中的消费体验给予超高要求。为了更好地赢得客户，更多更长久地占领市场，近来家电商们逐渐低下高贵的头颅，不遗余力地拓展体验式营销，大打娱乐、舒适、便利、绿色健康、节能等亲情牌。

还别说通过这种互动式的亲身体感，客户的满意度大大提升，口碑和销量也节节攀升。否则纵使互联网再高大上，对于看不真摸不着的产品，老百姓还是不会买账的；相反，在一个温馨轻松愉悦的氛围中，品着茶点、伴着音乐、感受着高科技的家电产品，渡过悠然快乐难忘的时光，是一种多么美妙的享受！

2014年以来，从海尔迎合世界杯需求，展开"吃喝玩乐，新鲜你我"全方位的智慧家电组合出击，到三星、LG、康佳、创维等全国巡展在各地主流家电卖场揭开大屏曲面4K、3G等高端彩电深度体验；从老板、美的、方太、林内、樱雪等一线高端厨电现场摆擂，为消费者奉上各式美味大餐及各自独特的功能，到苏宁、国美线上商城与线下实体店同步同价同质激烈角逐各出奇招，家电体验式营销的战略战术不断推陈出新，更接老百姓的地气，因此也实现了品牌和效益的双赢。

导师指津

在适时体验营销时，要着重把握好以下5个方面：

。

1．关注产品或服务对顾客的整体价值

一个产品或服务的价值往往不容易在购物时立即得到肯定，而最容易在顾客购物前、中、后的体验中逐步得到体验，因此顾客的整体体验就称为提升顾客满意度和品牌忠诚度的关键因素。

企业开展营销在考虑一个产品（质量、包装、功能等）的同时，还要通过各种手段和途径（娱乐、店面、人员等）创造一种综合的效应以提高消费体验。此外，还要注意社会文化因素，考虑消费所表达的内在价值观念、消费文化和生活意义。

2．设计、制造和销售产品以顾客的消费体验为导向

同样的商品在不同的情境中往往可以使顾客得到不同的内心体验和认同，产生不同的附加价值。以顾客的体验为导向设计、制造产品，可以从新的视角发现新的细分市场，开发出顾客满意的产品。

3．认识到顾客理性与感性并存

一般说来，顾客在消费时经常会进行理性的选择，但也会有幻想，有对感情、欢乐等心理方面的追求。企业不仅要从顾客理性的角度去开展营销活动，也要考虑消费者情感的需要，要"晓之以理，动之以情"。

4．设定主题，切实体现企业所要展现的体验价值

体验式营销必须从一个主题出发，并且所有服务都围绕这主题，或者其至少应设有一个"主题道具"（如一些主题公园、游乐区，或以某主题为导向设计的一场活动等），不能让顾客感觉自己的体验毫无特色。

5．周密考虑企业的体验营销战略

体验是一项复杂的心理感受，没有两种体验是完全相同的，因此开展体验营销应该设计一个完善的营销战略，考虑自己要为顾客提供哪一类体验形式（如感官式体验、情感式体验、行动式体验、思考式体验），并如何才能提高体验价值和新奇感，以更好地为企业创造竞争优势。

七、微信营销：手机通信工具打开的新商机

微信营销是互联网时代一种创新的营销模式，是伴随着微信而产生的一种网络营销方式。

微信不受距离的限制，用户注册账号可以与周围同样注册的"朋友"形成一种联系，用户可以根据需要订阅信息，企业或商家通过为用户提供信息推广自己的产品或服务，展开点对点的营销。

经典案例

作为国内最具口碑的餐饮连锁服务机构，海底捞是较早试水 O2O 营销的餐饮连锁服务企业之一，凭借在微博、点评网站等互联网平台积累的口碑，海底捞迅速聚集起了大量的忠实粉丝。随着移动互联网时代的到来，海底捞通过微信展开的营销手段更是层出不穷。

首先，设置独具创意的活动吸引顾客。消费者一旦关注海底捞火锅的微信，就会收到一条"发送图片即可在海底捞门店等位区免费制作打印精美图片"的信息，颇具吸引力；

其次，设置自助服务。消费者可以通过微信享受预订座位、送餐上门的服务，甚至可以在商城选购底料，消费者只要简单地输入送货信息，美食即可被送到嘴边；

最后，线下优质的服务相配合，同时享受"微信价"，更是提高了对消费者的吸引力。通过微信预定的方法使得海底捞的销售额更上一层楼。

导师指津

微信因为拥有海量用户和实时、充分的互动性，正在成为营销的利器，开展微信营销的方法主要有以下 4 种：

1. 官方大号为主打，小号为助推

可以多申请几个小号，并将签名设置为广告语，然后通过寻找"附近的人"来推送大号的引粉信息，以此将粉丝引导到大号中进行统一管理。

2. 打造品牌公众号

申请注册公众号之后将头像设置为店铺的招牌或 Logo，微信用户信息填写为公司的相关介绍，公司根据自身需要添加回复设置，如自动回复、用户消息回复、自定义回复。

同时，企业要对每天群发的信息做一个安排表，提前准备好文字素材和图片素材，针对新老顾客推送不同的内容，并及时回复顾客的提问。

3. 线上线下同步营销

实体店面也是微信营销的重要场地，在账号菜单设计中添加二维码并采用会员制或优惠的方式，鼓励到店消费的顾客扫描，既可以增加公众账号的精准粉丝，又可以积累大批实际消费群体，为后期微信营销创造条件。

4. 举行签到打折活动

企业可以举行签到打折活动，以此吸引顾客的关注。企业制作附有二维码和微信号的宣传海报或展架，由营销人员在现场指导顾客扫描二维码，顾客扫描二维码并关注公众账号后即可收到确认信息，凭借信息可以享受打折优惠。

为了预防顾客消费之后就取消关注情况的出现，企业还可以在确认信息中详细说明后续的优惠活动，以使顾客持续关注并经常光顾。

八、公益营销：让好名声传出去

公益营销是将公益理念、主题与形式融入营销行为的一种营销思维方法，其核心价值是"解决企业短期效益与长期利益矛盾的同时，让社会公益得到尊重"。

公益营销在企业长期利益、短期效益及社会公益三者之间寻找结合点，为企业的健康、和谐及文明的发展保驾护航。

经典案例

海澜之家是中国民族服装品牌的翘楚，而在羽绒服这一领域，海澜之家面临着激烈的竞争压力，如何让海澜之家羽绒服在纷杂的竞争中突出重围，让更多的人了解、记住海澜之家羽绒服，并产生购买的欲望成为海澜之家的营销挑战。

2014年9月，由海澜之家联合网易平台、中国社会福利基金会"暖流计划"共同发起了"多一克温暖"大型公益活动。

该活动通过呼吁社会各界关注贫困山区的老师和学生的过冬现状，号召社会大众参与以"多一克温暖"为主题的相关公益活动，为贫困山区的老师和学生献出自己的爱心。这些爱心最终由海澜之家转化为羽绒服及儿童棉服，实实在在地送到每一个师生的手中，帮助他们温暖度过寒冬。

在"多一克温暖"公益活动中海澜之家借助三大维度引爆公益营销热度，线上引爆发声，刺激全民参与互动，打造年度性公益大事件；线下积极落地，吸引全民持续关注，加速事件口碑传播；同时网易充分调动区域内区域外媒体资源，全年提升"多一克温暖"公益事件的公信力和影响力。

通过"多一克温暖"公益活动的开展，海澜之家的广告受众的品牌印象得到明显提升，用户对"多一克温暖"爱心公益活动内容的好评度达到96%以上，用户在广告后关注海澜之家，并购买海澜之家产品的行动率达到40%以上，且用户对海澜之家品牌的忠诚度提高了13个百分点。

导师指津

企业在做公益营销时要讲究以下3个策略：

1. 公益营销，"攻心"为上

公益营销通过公益行为的品牌介入实现营销目的，有时被称为"不是营销的营销"，是典型的"攻心"之策。公益营销的本质就在于企业通过公益活动与消费者沟通，树立良好的企业形象，提高品牌美誉度，从而促进销售。

2. 遵循品牌战略，不可模糊品牌形象

公益营销需要整合企业本身的资源，通过具有吸引力和创意性的活动使之成为大众关心的话题、议题，成为具有新闻价值的事件，因而吸引媒体的报道

与消费者的参与，使这一事件得到传播。

实践表明，经常变换公益行为的主题，就会使品牌形象模糊，造成品牌稀释，而且公益行为越多，消费者越不知道这个品牌到底代表什么。因此，企业的公益营销活动一定要遵循品牌战略，并围绕一个主题坚持下去。

3. 公益营销要长远规划

企业采用公益营销选择好主题后还要对此主题有一套完整的规划，做好前期的活动调查、中期的活动预热、后期的活动实施和推广，对每个环节都尽心尽力，保证活动的具体落实，才能最终发挥主题活动的效果，助推品牌推广活动的进行。

此外，企业用好公益营销，除了整合企业本身的资源，还需为其制定一个长远的目标和一个具体的战略规划，以及配备一套完整的公益项目选择评估体系，实现长久营销。

九、事件营销：小事件，大效应

事件营销是指企业通过策划、组织和利用具有新闻价值、社会影响力及名人效应的事件或人物，吸引媒体、公众的兴趣与关注以实现营销目的的手段和方式。

通俗地说，事件营销就是充分利用新闻规律，制造具有新闻价值的事件，并通过具体操作使其得到广泛传播，从而达到广告的效果。

经典案例

2014 年 9 月，彩云通"团购男友"的话题开始在社交网络上扩散，并在网络媒体上引发热议，随即这个有趣的话题吸引了越来越多的关注。

直到这一年的 10 月，"团购男友"才揭开它神秘的面纱：这是由彩云通 C 卡与其合作的商户进行搭配组合，推出的八款不同的"男友套餐"。这些套餐囊括了吃喝玩乐等方方面面的消费项目，且消费地点覆盖了昆明的各大商圈。

2014 年 10 月下旬，彩云通 C 卡的"男友套餐"在其官网正式上线并受到热捧，"暖男"、"文艺男青"套餐被人们疯抢，其他的"男友"也备受关注。

作为行业的后起之秀，彩云通 C 卡本身就是一个"颠覆"的形象，它颠覆了传统的消费方式：与团购相比，它有实体卡优势，在享受团购价的同时，还能销售 VIP 服务，它还比 VIP 卡门槛低，比信用卡实惠，比购物卡贴心……

而彩云通 C 卡此次的事件营销可谓是一个典范，从引发悬念、话题炒作扩散，再到悬念揭晓、事件升华，整个过程都在赚足眼球的同时，又使得自身品牌的知名度得到明显提高。

导师指津

事件营销是通过利用某一事件来借力打力，吸引消费者的兴趣，那么究竟如何来操作事件营销呢？

1. 准备宣传平台账号

事件营销不是独立存在的，需要借助一些平台做辅助，而最常用的辅助手段就是论坛、微信等公众平台。因此在策划实施一个事件营销之前，要准备大量的公众平台的账号，该公众平台最好是影响力比较大的有丰富内容源的平台。

2. 策划事件

在准备账号的过程开始策划事件，并在论坛中组织形成帖子。

3. 发布事件

将策划好的事件发布到论坛中，发布的内容要做到图文并茂和富有争议。

4. 炒热帖子

用事先注册的多个账号将发布的帖子炒热，可以通过别的账号对帖子进行回复，也可以让别人帮忙去炒热帖子。

5. 转载分享

将内容在其他的论坛、微博、微信、QQ 空间等社交媒体进行转载，让更多的人去传播，最终形成病毒营销。

6．引入媒体

如果上述几步做得比较成功，可能会吸引媒体的关注，即便没有也可以自己主动找媒体。通过媒体可以将事件营销推向一个新的高潮，当然前提要保证事件本身具有新闻性，并符合法律法规。

十、APP营销：移动互联网时代的营销利器

APP即在移动设备上为使用者提供互联网入口，满足人们咨询、购物、社交、娱乐、搜索等需求的一切应用程序。APP营销就是指应用程序营销，即企业借助手机、社区、SNS等平台上运行的应用程序来进行营销活动的方法。

在信息的传播方式上，APP营销让企业将产品或品牌信息植于应用制作，通过用户自身主动下载，在使用应用的过程中达到信息传播。

在传播内容上，APP中可以包含图片、视频诸多元素，用户可以全方位的感受产品或品牌。

在用户行为上，APP营销依靠用户自己下载并可进行互动，更加容易达到传播效果。

经典案例

优衣库是日本知名服装品牌，作为服装品牌涉足互联网的先锋，优衣库的营销方法向来以独特的创意而备受瞩目。为了迎合时尚青年忌讳撞衫的心声，优衣库推出了一个名为UTme！的应用，允许用户通过该应用设计属于自己的衣服。

通过UTme！应用，用户可以自由发挥自己的创意和想象力，亲身参与个性化T恤的设计，用户可以选择涂鸦、输入文字，或从手机中选择图像照片的方式为T恤打上独特烙印，随后还可以添加渲染、脉冲、马赛克等不同效果，使同一张图片呈现出多种风格。

为了满足一些时尚炫酷爱好者的需求，UTme！应用还推出"摇一摇"的功能。用户完成构图后只要摇一摇手机即可随机呈现出酷炫的效果，即使原来的设计非常普通，也可以通过摇一摇为图片添加上专业艺术家的味道，为DIY增

添不少亮色。

最后不可或缺的一个环节就是分享，优衣库的线上社区精心汇集了用户原创内容。用户不仅可以将自己的作品陈列在社区中，还可以在社区中欣赏其他人的创意作品，甚至可以为其中出色的作品点个赞。

当然，用户可以将设计好的图片上传到优衣库网站后，然后花费 1 990 日元（约 120 元人民币）即可购买到这件属于自己创意的衣服。

导师指津

利用 APP 开展营销的模式主要有以下 3 种：

1. 广告植入模式

在功能性 APP 和游戏类 APP 中植入企业产品广告是 APP 营销最基本的一种模式。

企业通过在 APP 中植入动态广告栏的形式进行广告植入，当用户点击广告栏时即可进入企业网站链接，进而详细了解广告或是参与活动。

这种模式操作简单，只要将企业广告投放到那些下载量较大的应用中即可实现较好的传播效果。

2. 用户参与模式

企业将与自己定位相符的应用程序发布到应用商店内，供智能手机用户下载，通过这种应用可以让用户直观地了解企业的信息。

用户是手机应用程序的使用者，手机应用程序成为用户的一种工具，在让用户享受便利，获取知识的同时，还能不断强化用户对产品品牌的印象，提升品牌的美誉度。

3. 购物网站移植模式

这种模式是将互联网上的购物网站移植到手机上面去，以便用户随时随地地浏览网站获得商品信息，并进行下单。相对于手机购物网站来说，这种模式具有快速便捷、内容丰富的优势，且这类应用一般具有很多优惠的措施。

十一、二维码营销：藏在黑白方格中的营销密码

二维码营销是指通过对二维码图品的传播，引导消费者扫描二维码来推广相关产品资讯、商家活动，刺激消费者进行购买行为的新型营销方式。

二维码营销的核心是将企业的文字、图片、视频、促销活动、链接等植入在一个二维码内，再选择将二维码投放在宣传单、网站、公交车身等合适的地方，若企业需要修改信息，只需在系统后台修改即可。用户通过手机扫描二维码可以随时随地获得企业宣传、促销、客户服务等信息。

经典案例

韩国首尔有一家叫作 Emart 的商场，它打造了很多 3D 版的二维码雕塑，并将其放置在首尔的各个街角。有趣的地方在于，这些 3D 的二维码只能在一天中某个特定的时间段内才能被扫描成功，这样商店就能控制在一天内的特定时间段内向消费者提供优惠券。

Emart 商店的 3D 二维码雕塑根据阳光的变化，在中午 12 点至下午 1 点时刚好能被正确识别，用户可成功扫描二维码，同时此时也是商店客流量较少的时间段。

消费者在该时间段内扫描二维码成功后，就会被带到一个特定的页面，可以获得一张 12 美元的优惠券，消费者可以选择当即在手机上购买商品。

Emart 商店推出该项二维码活动后，成功地吸引了更多消费者的眼球，每月的新注册用户增加了将近 60%，在午间客流量较少的时间段其销售额比以前增加了 25%。

导师指津

通过二维码开展市场营销是非常有讲究的，必须要考虑以下 4 种因素：

1．具有诱惑力

二维码信息必须有足够的诱惑力，能够解决顾客的问题，如优惠信息、售后服务、大量顾客需要阅读的信息等。此外，可以将二维码模型制作成任何图形用以吸引用户的眼球。

2．建立移动版网页

如果顾客被吸引并成功扫描二维码，但迟迟无法进入页面，好不容易进入页面，结果却是电脑桌面版的网页，可想而知这样是无法实现营销目的的，因此必须建立专业的移动版网页，能够快速加载页面，且适用于不同的手机浏览器类型和屏幕大小。

如果技术上无法提供，可以简单地在二维码中放一段文字和微博链接等内容。

3．内容编排简洁

用户扫描二维码的目的是明确的，可能是获得某种优惠，可能是获得某些急需的信息，他们更喜欢一个维度的内容，稍微复杂的分类都可能会导致他们关闭网页，因此二维码的内容编排一定要简单而清晰。

4．放在合适的地点

所谓合适的地点，首先要保证有手机信号覆盖，其次会有很多人停留且容易被发现的地方，最适合的地方是大家比较闲的地方，如公交车站牌、餐厅的桌角、电影院排队的地方等。

十二、微博营销：140 个字的推广游戏

微博营销是指企业通过微博的发布与讨论营销产品或服务的方式。

微博营销以微博为营销平台，每一个听众（粉丝）都是潜在的营销对象，企业通过更新微博内容向粉丝传播企业信息、产品信息，或者是与大家互动交流，或者发布大家感兴趣的话题，以此树立良好的企业形象和产品形象。

经典案例

作为最早"安家"新浪微博的广告主之一，凡客诚品的微博一开始就有意识地保持轻松活跃的氛围，淡化官方微博的严肃性，而只是将微博作为与粉丝沟通互动的平台。

凡客在与新浪合作之初，开创性地将微博成为"围脖"，并向注册微博的明星免费赠送围脖。这次活动让很多名人收到了凡客的围脖，他们在微博上发表评论、晒照片，让众多粉丝都关注到了凡客的产品和品牌。为了传达"平民时尚"的品牌理念，凡客选择了韩寒、王珞丹为代言人，借助名人效应提升微博人气。

为了彰显凡客的品牌形象，凡客为代言人定制了凡客体，采用"80 后"的口吻调侃社会，表达情感。网友纷纷上传和转发"爱……不爱……是……不是……我是……"为基本叙述方式的凡客体，新浪微博成为凡客体创作和传播的重要平台，凡客体的广泛传播使凡客的知名如日中天。

凡客不会在官方微博上发布新闻，也不会以官腔态度回应粉丝，它的微博上都是网络语言，口语化的词汇，给粉丝带来一种亲切、平易近人的感觉。为了拉近与粉丝的心理距离，凡客微博中没有硬性广告，只有回答顾客提问及一些名人、新闻等八卦话题。

为了调动微博上粉丝的热情，凡客经常在微博上开展一些与企业业务联系紧密且吸引粉丝的活动，如 1 元秒杀原价 888 元的服装，抢楼送周年庆 T 恤，在"铅笔换校舍"公益活动中提供产品拍卖等活动。

凡客诚品的微博营销始终坚持着自己的"凡客"本色，以平易近人的形象建立起与粉丝长期的互动关系，使微博成为企业品牌推广的重要一环。

导师指津

微博已经成为越来越多的企业必备的宣传平台，如何才能做好微博平台的营销活动呢？企业关键要做好以下 3 个方面的工作：

微博内容

微博格式

企业微博

增粉

1. 增粉

企业要想为自己的微博账号增粉，除了要发布足够吸引人的微博内容外，在微博建立之初可以从微博社区中寻找与自己行业领域相同或相关的名人，成为他们的粉丝，同时从他们的粉丝里挖掘潜在粉丝。

此外，还可以在竞争对手的粉丝里寻找潜在粉丝。

2. 微博格式

发布的微博要讲究格式，一个格式规整、具有层次感的微博更容易吸引人的注意：

（1）凸显主题

每条微博必定都有一个主题，在撰写微博时为了凸显主题可以将其用"【 】"标出。

（2）**强调关键词**

通常微博的关键词是放置在两个"#"中间，在发微博时尽量选择两个关键字，一个与行业有关，帮助引流；另一个是将听众引向目标的关键字，可以导入数据。例如，"#准妈妈讲堂#"是引向目标的关键字，"#某月子中心#"是行业关键字。

（3）**标明联系方式**

微博中一定要标明联系方式，最好是电话和网址，也可以是微信二维码照片，以便粉丝及时能找到。

（4）**@**

在微博的最后要@几个人，可以是同行业其他人，也可以是媒体平台。

3. 微博内容

撰写微博时，其内容要做好以下3点：

（1）**有趣有用**

企业微博是为宣传企业服务，若总是发布广告难免惹人反感。除了广告之外，企业可以发布一些科普性、趣味性的内容，让粉丝感到有用或有趣，也可以发布一些公益性的内容。

（2）**避免硬宣传**

用微博为企业做广告尽量选择软文的形式，避免硬性宣传。

（3）**态度平易近人**

粉丝是上帝，因此企业微博一定要用平易近人的语气，以拉近与粉丝的距离，切忌自以为是惹人反感。

十三、论坛营销：用一张帖子打响名声

论坛营销就是企业在论坛上通过发布文字、图片、视频等宣传企业的产品和服务，从而让目标客户更加深刻地了解企业，最终实现宣传企业品牌、加深企业市场认知度目的的网络营销活动。

经典案例

安琪酵母是国内最大的酵母生产企业。在人们的认知中，酵母的主要功能就是蒸馒头和做面包，很少有人直接使用，而安琪酵母公司却开发出酵母很多保健功能，并生产出可以直接食用的酵母粉。为了推广酵母粉这个对人们来说非常陌生的新事物，安琪酵母公司开展了一次论坛推广活动。

2008年，随着大量关于婆媳关系影视剧的播出，婆媳关系的关注度也随之提高，随之安琪酵母公司发出了一篇《一个馒头引发的婆媳大战》的帖子。

帖子中以第一人称讲述了南方媳妇和北方婆婆关于蒸馒头引发争执并最终因安琪酵母和谐解决的事件。

帖子发出后立刻引发了不少粉丝，其中就涉及安琪酵母的使用。此时由专业人士将人们的话题引到酵母其他的功能上去，告诉人们酵母除了蒸馒头，还可以直接食用，还有减肥、保健美容的功效。

为了增加帖子的关注度，安琪酵母公司选择了比较有权威的网站，如新浪女性频道中关注度比较高的美容频道，并将帖子细分到减肥沙龙板块等，同时利用权威网站的公信力将帖子推到较好的位置上，帖子很快受到了更多网民的关注。

论坛是互动性的地方，当然就会有不同的声音。对于一些存在攻击性的帖子，安琪酵母公司并没有找网站删帖，而是先询问发帖人发这种帖子的原因。如果他是消费者，就让他将自己的不满反馈到公司；而如果他是竞争对手的恶意攻击，就在网上及时揭露。

通过论坛上事件的讨论，安琪酵母获得了较高的知名度和关注度。

导师指津

论坛发帖已经成为很多企业常用的一种推广方式，但是论坛营销要讲究技巧，否则很难收到良好的效果。

1. 筛选最适合自己的论坛

开展论坛营销首先要找到一个适合自己的论坛，选择论坛时可以从以下几个角度入手：有自己的潜在客户、人气较旺、有签名功能、有链接功能、有修改功能。

2．巧妙设计帖子内容

信息传达得成功与否主要取决于帖子的标题、主体和跟帖 3 个部分：

（1）标题

标题一定要紧扣文章内容，且要有刺激性，抓住浏览者的心理，最好是人们最感兴趣的话题，最想了解的事物，最想获取的知识等，应该将文章中的兴奋点提炼出来放在标题中，以此来吸引浏览者。

此外，帖子标题中的数字和字母最好使用半角字符，新闻标题中尽可能省略标点符号，最好不要使用引号，电影、书籍等名称可使用书名号。标题不要太长，尽量控制在 29 个字符之内。

（2）帖子正文

帖子的正文要围绕标题展开，且要段落清晰，不要加入太多的产品信息，以免引起浏览者的反感。

在正文中可以加入图片或图表，使帖子整体结构合理、美观，增加帖子的欣赏性，避免读者产生视觉疲劳。

（3）回帖

回帖时千万不要用简单的几句话去回复，千篇一律的客套话往往显示得我们不够专业。也不能过度发帖、回帖，一味单方面地推广自己的产品或服务而不能形成互动互助的局面很容易让人感觉这是广告，以致引起人们的反感。

（4）长帖短发

太长的帖子会让浏览者无法有足够的耐心看完，因此帖子要做到长帖短发。所谓长帖短发，并不是说要把帖子的内容尽量缩短，而是说将一个帖子分成多贴，以跟帖的形式发，但不要超过 7 帖，每隔一段时间发一帖，让浏览者有等待的欲望。

3．维护跟踪帖子

帖子发出去后要做好维护和跟踪，以免帖子沉下去无法发挥营销的作用。

及时顶贴可以让帖子始终处于一屏的位置，让目标用户一眼就能看到。维护帖子不能一味地都是正面地评价，要学会把握好尺度从反面去辩驳，可以指出一些产品不重要的缺点，制造争论的场景，把帖子炒热从而吸引更多的关注。

第五章

如何留住客户又保持利润
——客户管理

客户是企业利润的来源，而在现今新的市场营销环境中，各种营销模式、概念不断更新，众多企业在日益激烈的市场竞争环境中遭遇重重困难，企业品牌的生命周期越来越短，目标客户群体却越来越小。

在产品及品牌的感觉价值迅速降低并且导致价格低落的今天，企业对客户需要的反应，实现高效的客户管理，将最终决定其在市场的成败得失。

创业导师观点分享：周鸿祎 奇虎 360 董事长

创业初期要注意四点：第一是从用户出发，关注用户的需求而不是自己的想法；第二是专注，聚焦有限的资源寻找突破点，不能铺摊子；第三是小步快跑，不断试错，勇于尝试；第四是低成本运作，低调做事情。青年创业者要从小处出发，从用户需求出发，不要老想着一开始就要搞个大的，这往往干不成。

一、客户开发：选择"门当户对"的客户

客户开发是指业务人员通过市场调查初步了解市场和客户的情况，对有实力和有意向的客户重点沟通，研究目标顾客，从而制定客户开发市场的营销策略。

营销人员的首要任务是开发准客户，通过多种方法寻找准客户并对准客户进行资格鉴定，使企业的营销活动有明确的目标与方向，使潜在客户成为现实客户。

在消费淡季销量有限时，作为厂家要想办法让产品销得动。淡季开大客户的目的不是为了提升销量，而是强化与渠道成员的沟通，激发兴趣和信息，树立战略合作的强烈意愿。营销人员不应为了销售产品而急于求成，甚至是忽悠成交，而应与客户进行成分有效的沟通。

经典案例

2014 年 5 月 15 日下午，小米 2014 新品发布会正式开始，尽管小米遭到华为、诺基亚等的狙击，但这次小米新闻发布会仍然引发了"米粉"的尖叫。

4 年时间，小米从一家名不见经传的初创公司，发展为估值近 300 亿元的知名大公司，小米的成功被称为传奇，而小米创始人雷军也被大家亲切的成为"雷布斯"，奉为同乔布斯一样的传奇人物。

小米在客户开发方面做得非常精准，通过对市场的调研，首先是不同年龄的消费者进行界定，25~35 岁这个年龄段的人群经济独立，正处于事业的发展期，易于接受新鲜事物，具有时尚和超前性的消费观，愿意接受新鲜事物，喜欢尝试，这个群体数量庞大，消费能力强。

但这个庞大的消费群体并没有成为小米真正的客户，因为小米找到了把手机作为工具使用偏爱的群体，那就是手机的"发烧友"。之所以选择这个群体，是因为他们代表消费的最前沿，对其他消费群体有示范作用，随之带来的是群体的跟风。

小米找到了手机的客户空白点，赢得了市场。

导师指津

客户开发是业务人员开展销售的第一步，那么如何进行客户开发工作呢？可以参考以下 5 种方法：

1. 会议寻找法

就是到目标客户会参加的各种会议中，如交易会、订货会、采购会、展览会、博览会等，捕捉与目标客户建立联系的机会，进而寻找开发客户的机会。

2. "中心开花"法

"中心开花"法是指从某一特定的目标客户群中选择最具影响力的"中心"人物，并使其成为自己的客户，然后借助其产生的中心效应，将该目标客户群中的其他对象转化为现实客户。企业产品广告中请名人做代言就是这种方法的典型应用。

一般来说，可以作为"中心"的人物如文体明星、政商要人、知名学者、知名企业、星级酒店、知名高校等，通常他们在公众中有很强的影响力和很高的社会地位，拥有较多的崇拜者，他们的消费行为有很好的示范作用。

3. 短信寻找法

可以通过发送短信的方法寻找客户，这样做既方便、快捷，又价格低廉，且能打破地域的限制，如果短信不被客户删除就能一直保留在客户的手机上，可以随时提醒客户，也方便他们随时查阅。

但这种方法也有缺点，即容易受到诈骗短信的影响，人们对短信的信任度较低。

4. 网络寻找法

网络时代利用网络寻找客户便捷、快速

（1）在专业网站查找或发布消息：企业可以根据自己的业务范围，登录相关的专业网站，浏览需求信息，与有需求的客户建立联系。企业也可以在网站上发布供应信息，借以吸引客户进而积累客户资源。

（2）**在专门的商务网站寻找客户**：如在阿里巴巴商务通、贸易通、京东商城等商务网站寻找客户或发布产品供应信息从而挖掘和开发客户。

（3）**借助网络公关空间发布消息**：借助多种网络交流渠道，如QQ、微信、微博、专业的BBS、论坛、博客等，从中寻找客户。

（4）**自建网站宣传**：企业可以建立自己的公司网站，并设计产品宣传页，吸引潜在客户与自己建立联系。

5. 从竞争对手处找客户

企业通过各种竞争手段，如产品创新、免费培训、优惠活动等，从竞争对手的手中争夺客户。

二、客户识别：寻找最有价值的客户

客户识别就是利用一系列技术手段，通过分析大量的客户特征、购买记录等信息，找出企业的潜在客户、客户的需求及对企业最有价值的客户，并将这些客户作为企业客户关系管理的对象。

客户识别有助于帮助企业获取新客户，有助于企业与客户更好地沟通与互动，能够帮助企业提升客户满意度，增强客户对企业的忠诚度。

经典案例

杨柯从部队退伍后也加入创业大军，在一所高校附近开了一家豆浆店，由于杨柯所卖的豆浆是古法压榨熬煮制作而成，保留了豆浆的原汁原味，他的豆浆非常受欢迎，每天的客人都是川流不息，很多人都是慕名而来。

一般豆浆店卖的甜豆浆都是加白糖，而杨柯却为顾客提供了三种口味的甜豆浆：

第一种是白糖，与其他几家相同；

第二种是具有滋养、护嗓功效的蔗糖，是专门为教学的老师贴心准备的；

第三种更厉害，由于学生是店铺的主力军，且学生都喜欢新奇的东西，接受新鲜事物能力很强，杨柯特别针对他们准备了黑糖，加进去后使豆浆显得黑乎乎的，别有一番滋味，学生们戏称为"巧克力豆浆"。

除此之外，杨柯对常来店里的顾客姓名都熟记于心，顾客来时都亲切与其打招呼，同时他还会为一些老顾客准备一些赠品相送。例如，浮在豆浆上面的豆皮层，杨柯会特地捞起来送给年纪较大的老顾客，让他们带回去作为营养补品，榨豆浆剩下的豆渣则是送给老太太们，并教给她们制作小吃的方法。

杨柯发现不同顾客的特点，并从他们的不同需求中出发，有针对性地为顾客提供不同的产品和服务，杨柯的豆浆店每天都是车水马龙，他的业务也随之扩大，由专门提供豆浆扩展到售卖豆浆和其副产品，同时也为顾客提供早餐，杨柯聘请了店员，每天都忙得不亦乐乎。

导师指津

客户识别主要包括以下 3 个方面的内容：

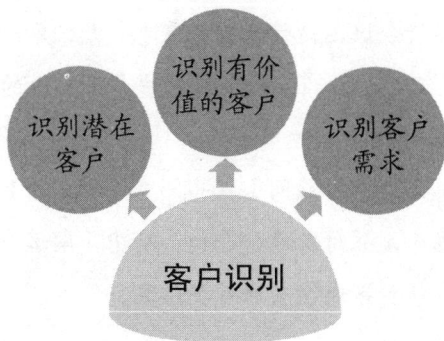

客户识别

识别潜在客户　　识别有价值的客户　　识别客户需求

1. 识别潜在客户

识别潜在客户要寻找那些关注未来，有兴趣长期合作的客户，搜索具有持续性特征的客户。

2. 识别有价值的客户

可以将客户分为两种类型：交易型客户和关系型客户。交易型客户只看中价格，缺少忠诚度，而关系型客户则注重商品的质量和服务，愿意与企业建立长久的合作关系，具有较高的忠诚度。

为了避免受到干扰，首先将交易型客户分离出来，然后将关系型客户分为以下3类：

- 能为企业带来最大利润的客户；
- 能为企业带来可观利润，并有可能成为最大利润来源的客户；
- 现在能够带来利润但正在失去价值的客户。

对于第一类关系型客户，要做好客户关系管理营销，以留住这些客户；对于第二类关系型客户，也要开展适当的营销活动，以提高企业在市场中所占的份额；而第三类关系型客户，在对其进行分析之后可以剔除。

3. 识别客户的需求

在现今的竞争社会中，只是单纯地满足客户的需求是不够的，为了留住客户必须要了解他们的需求，并找到满足客户的方法。可以通过以下方法来识别客户需求：

- 与重要客户举行会议，商讨客户的需求、想法和对服务的期望。
- 在接待区、产品包装、商品目录或客户易于接近的地方设立意见箱、意见卡或简短问卷，以征求客户的意见。
- 通过邮寄问卷、打电话或网上发布问卷等形式进行调查。
- 建立客户数据库，并对其进行分析，从中了解客户的需求。
- 通过分析或访问竞争对手获取有关信息。

三、潜在客户：用客户"生产"客户

潜在客户是指对某类产品（或服务）存在需求且具备购买能力的待开发客户，这类客户与企业存在着销售合作机会。经过企业及销售人员的努力，可以把潜在客户转变为现实客户。

潜在客户包含一般潜在客户和竞争者的客户两大部分。所谓一般潜在客户是指已有购买意向却尚未成为任何同类产品或组织的客户，以及虽然曾经是某组织的客户但其在购买决策时，对品牌（组织）的认可较为随意的客户。

所谓竞争者客户，是相对于本企业的客户而言的，也就是竞争者所拥有的客户群体。这类客户既可以是中间客户（如代理商、批发商、零售商），也可以是最终的消费者即我们一般意义上所说的客户。

潜在客户并不可能都转变为目标客户，找客户容易留客户难，获得潜在客户名单仅仅是销售人员销售过程"万里长征"的起始阶段，要做到"以客户为中心"。

经典案例

当下人们最常刷的社交圈是哪里？答案一定是微信朋友圈。每天刷一下微信，已经成为时下人们的一种日常生活习惯。的确，随着互联网的飞速发展，人们的生活已经离不开手机。

微信支持跨通信运营商、跨操作系统平台，通过网络快速发送免费（需消耗少量网络流量）语音短信、视频、图片和文字。也可以使用通过共享流媒体内容的资料和基于位置的社交插件如"摇一摇"、"漂流瓶"、"朋友圈"、"公众平台"等。

截止 2013 年 11 月微信的注册用户量已经突破 6 亿人，是亚洲地区拥有最大用户群体的移动即时通讯软件。

微信最大的好处是把客户的碎片时间收集起来，客户闲着没事时，可以查看微信上发布的动态信息，微信朋友圈，"圈住"了潜在客户。

在实践过程中，微信不仅仅是作为单纯的广告发送器，而是演变成了客户管理工具，是维系和经营客户"朋友圈"的纽带。

2014 年春节前夕，"新年红包"的应用火爆微信朋友圈。微信好友之间可以互送红包，如果将红包发到微信群里，好友之间还可以"抢"红包。而抢到红包后，你需要绑定一张银行卡，进行提现。就这样，依托强大的社交娱乐功能，微信轻松地获得了求之不得的银行卡绑定。为其开展移动支付业务铺平了道路。

海量用户是微信最大的核心竞争力，而微信更贴合消费群，潜在客户不知不觉中"生产"了客户。

如何挖掘潜在客户呢？可以参考以下 3 个方法：

1. 已开发客户介绍

挖掘潜在客户，让已开发的客户介绍他业内的朋友进入是一个非常好的途径，因为客户在行业内一般都会有一定的交际面，以便了解市场信息，共享资源，学习交流经验。

2. 同行业朋友介绍

让同行的朋友介绍客户，是非常快捷的方式，朋友的介绍可以快速的了解市场的格局和客户的状况，有中间朋友的推荐，接触起来也比较容易。

3. 寻找相近行业

有时候企业会遇到在行业内很难找到客户的极端情况，这个时候我们可以把眼光看的远一点，寻找相近行业的客户。比如，寻找手机的客户未果，可以考虑数码的客户等，这样客户的面就会更宽。

由于客户是新介入，对行业了解没有那么深入，同时也充足的资源选择，所以这类客户的开发难度相对较低。

四、目标客户：看准了"上帝"再下手

目标客户，即企业或商家提供产品、服务的对象。目标客户是市场营销工作的前端，只有确立了消费群体中的某类目标客户，才能展开有效具有针对性的营销事务。

目标客户调查研究包括：需求动机调查，消费者的购买意向，影响消费者购买动机的因素，消费者购买动机的类型等。

购买行为调查，不同消费者的不同购买行为，消费者的购买模式，影响消费者购买行为的社会因素及心理因素等。

经典案例

A 奶粉企业主打产品是婴幼儿奶粉，而且刚进入这个行业不久。在奶粉行业竞争日益白热化的市场环境下，为了在激烈的市场竞争中占据有利的市场地位，A 企业开始了大规模的广告宣传，希望通过大规模的广告轰炸能让人们记住公司的产品，并促进自己的产品销售进而增加品牌的知名度和美誉度。

但是，令 A 奶粉企业意想不到的是当他们花了不菲的广告费之后，发现自己的产品在销量上并没有得到多大的提升，而且消费者的认知度也并没有由此而提高。

A 企业的产品是严格按照国际标准来生产，质量绝对是同类产品中的佼佼者，与同类产品相同质量下，价格也有很大的优势，可为什么产品在市场上一直不愠不火呢？

通过调查发现，因为没有确定目标客户，大众化的市场传播策略在传播信息达到消费者是已经被其他"噪音"干扰而弱化了。于是，A 企业重新确立了自己的目标客户，通过区别营销找出优先的市场机会。

由于婴幼儿奶粉行业的特殊性，虽然目标消费者是婴幼儿，但是对购买此类奶粉的决策权却在父母，因此，必须采取错位营销，产品、企业信息的受众应当是即将和已经生育的人群。

A 企业通过不断地给这些消费群体以专业性、愉快感及互动性，给公司树立了一个关注孩子健康，提供优质产品、值得信赖的公司形象。因此，A 企业在 B 市场上逐步取得了成功，通过这些消费者的口碑传播，后面两类消费者也开始转变成功 A 企业的忠实消费者。

导师指津

创业者在确定目标客户时应该把握好以下 3 条原则：

1. 具有经营价值

对产品来说，不同的客户群体会有不同的价值。因此，企业应该尽可能地选择那些更具有经营价值的客户群体，这样更有利于企业的生存和发展。

2. 客户群体具有稳定性

所谓客户群体，实际上就是由一部分具有共同需求的顾客所组成的人群。

当这种共同需求存在时，这个群体就会表现出较高的稳定性。但是，一旦他们的这种需求被满足，甚至消失时，这个群体也就消失了。因此，创业者在考虑目标客户时要充分考量到这种需求的稳定性。

在稳定的需求基础上才能形成稳定的目标客户，企业应该尽量选择那些稳定性较高的客户群。

3. 与企业实力相符

创业者要想取得理想的经营效果，就要从公司的特点和实力出发，选择最适合的客户群体，而不能盲目地选择，客户群也不是越大越好。任何时候"合适"都是最重要的标准。

五、客户分级：区分客户价值，合理分配企业资源

客户分级是指企业根据客户对企业的不同价值和重要程度，将客户划分为不同层级，以更好地实现企业资源分配。

不同的客户会给企业带去不同的价值，不同价值的客户具有不同的需求，客户分级是有效进行客户沟通，实现客户满意的前提。

经典案例

董亮大学毕业后开始自己创业，在母校内开了唯一一家美发店，刚开始生意一直不错，但随着学校附近另一家美发店的开业，客户出现了分流。

为了赢得市场，董亮根据自己之前旁听学到市场营销的知识，对自己的顾客进行了详细研究，将他们划分为了三个不同的等级，并针对不同级别的客户实施不同的营销策略管理：

1. 带来大量现金流的学生——吸引重复消费

董亮按照美发周期、所消费美发用品的层次及单次消费数额等指标对现有的学生进行排序，从中找出真正为店铺带来大量、稳定现金流的群体，并对其进行开发维护。

这类客户中如果单次消费达到男生为 100 元、女生为 200 元，董亮就为其办理普通会员卡一张，通过会员积分和赠送精美礼品来吸引这些学生进行重复消费。

2. 单次消费金额较高且消费周期较短的学生——重点开发

董亮将单次消费金额较高这一因素作为衡量重点顾客和非重点顾客的重要标准，将这类学生群体作为重点顾客，为其办理银卡一张。

其单次最低消费男生为 200 元，女生为 300 元，消费周期为六个月，当日消费当日就有精美礼品赠送或免费享受高品质护发保养一次，本年度累计消费积分超过 1 000 元（一元一积分）即可免费获得短途一日游门票。

3. 单次消费金额很高，能为店铺引来顾客的学生——打折、赠送代金券

董亮将此类学生群体列为本店的黄金客户。并为他们免费办理金卡一张。

此类客户单次最低消费男生为 300 元、女生为 500 元，当次消费当次即可享受八折优惠，以后每次单次最低消费男生为 200 元、女生为 300 元即可享受八折优惠待遇，且一年度内如能引进 10 个顾客来店消费即可获得本店面值 200 元的代金券。

董亮通过对客户进行分级并进行针对性的营销，很快又将去校外做美发的学生成功地吸引回来，生意也更加繁忙起来。

导师指津

客户分级通常是将客户按照一定标准分为比例不同的 4 个等级：

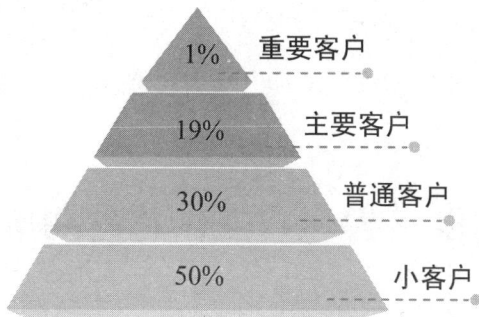

客户分级是一个复杂的工程，从不同的角度观察，客户对于企业的价值是不同的，所以企业需要根据自身的需要按照一定标准对客户进行分级。一般可参考以下 5 个方法：

1. 客户的信用情况

企业对客户最近一年付款及时与否、是否有拖延、拖延时长和原因等情况进行统计，并对其进行分析，然后判断客户的级别。

2. 客户消费金额

对客户一定时期内的消费金额或消费数量进行统计，将消费金额或消费数量按照从大到小进行排序，然后判断客户所属级别。

3. 客户的发展前景

对于新客户企业缺少其历史交易情况，此时企业可以利用考察、了解等手段挖掘新客户的潜在价值，然后通过主管判断划分其优先级别。

4. 客户为企业带来的利润大小

该方法要综合考虑客户消费金额、购买产品的成本及为企业带来的利润 3 个因素，即对客户在一定时期内的消费金额及购买产品的利润率统计，然后计算出其为企业创造的利润多少，最好对利润从大到小进行排序，以此对客户进行等级排名。

5. 综合加权

上述介绍的几个指标都只是从一个方面对客户进行衡量，难免会有偏差，因此，对客户进行分级时还需要将以上几种方法综合考虑，以保证分级准确。

六、顾客满意度：为客户提供超越期望的体验

客户满意是客户的一种心理感受，是指客户的需求被满足后形成的一种愉悦感或状态。这个"满意"指的不仅是客户对产品或服务质量、服务态度、价格等方面的满意，更深层的含义是指企业所提供的产品或服务与客户期望的吻合程度。

顾客满意度是指客户满意程度的高低，用公式表示可以表示为：**客户满意**

度＝客户体验－客户期望。

顾客满意度是一种心理状态，具有非常强的主观性，能使一个顾客满意的东西，不一定能使另外一个顾客满意，能使顾客在一种情况下满意的东西，在另外一种情况下未必也能使顾客满意。因此，企业只有了解不同顾客群体的满意度，才有可能实现 100%的顾客满意度。

经典案例

在 2015 年（第十届）中国汽车服务金扳手奖评选活动中，奇瑞汽车再次荣获"2015 中国汽车服务金扳手奖——客户满意度奖"，这也是奇瑞汽车连续第五次获得此奖项。

作为一家以成为国际品牌为目标的中国品牌企业，奇瑞致力于为客户打造专业的售后服务。2006 年奇瑞发布了以"快·乐体验"为理念的服务品牌，向客户推行一站式服务，导入服务体系认证，对网络布局进行合理调整，全面提高网络服务能力，加强与车主之间的互动活动，如巡回服务、四季关爱活动、艾瑞泽系和瑞虎系专场服务活动等，为客户提供维修更健康、技术更专业、服务更周到的专业化服务。

同时，奇瑞还通过建设标准服务流程，制定和普及服务顾问标准流程 DOS 手册等手段强化服务人员的基础知识，并对认证岗位和关键岗位进行培训，对服务人员的实操能力进行重点考核，分级认证上岗。同时更多地为经销人员提供培训服务，以提升经销商服务团队的整体水平，顺应经销网络发展的需求。

截止到 2015 年年底，奇瑞在国内已经设立了近千家授权服务网点，通过建设强大的零部件配送、客户呼叫中心等服务体系，配合独特的移动互联线上线下的互动服务，奇瑞的客户满意度和忠诚度在同级中始终保持领先水平。

在 2015 年 J.D.Power 汽车产品满意度调查中，奇瑞销售满意度（SSI）为 711 分，位居行业第 10 名；售后满意度（CSI）综合得分 746 分，位居行业第 6 名，中国品牌企业第二位，超越众多主流合资品牌。

导师指津

提升顾客满意度对企业的生存和发展具有长远的意义，要想有效地提升顾客满意度，应该着重做好以下 3 个方面的工作：

1. 树立质量观念

质量是产品或服务的生命，是影响顾客对产品或服务评价的直接因素，更是企业立足市场的关键所在。企业只有树立严格的质量观念，才能生产出高品质的产品，而任何高质量的产品都是一个不断改进的过程，其中缺少不了顾客的参与，只有做到产品质量的好坏由顾客说了算，才能真正提升产品的质量，以及增加顾客的满意度。

2. 奉行"顾客就是上帝"的理念

随着顾客理性消费观念的提高，对服务的要求也越来越高，这就要求企业全体员工全面奉行"顾客就是上帝"的理念。

尤其是直接面对顾客的营销人员，不但要专业精，更要讲诚信，待人亲切，在为顾客提供便捷服务的同时设身处地地为顾客着想，站在顾客的角度思考顾客所需，并完善各项服务，尽力让顾客感到方便满意，以良好的信誉、优质的服务赢得顾客。

3. 合理定价

定价合理既能促进销售，又能赢得利润，增加市场份额。定价时要充分考虑区域内顾客收入、消费水平和购买心理及企业的营销目标。

产品售出后要及时了解产品是否与顾客所期望的相吻合，一旦发现问题要及时调整完善，使顾客对产品的质量、服务、价格皆满意。

七、顾客忠诚度：顾客"黏性"养成计划

顾客忠诚度是指顾客由于价格、质量、服务等因素的影响，使顾客对某一特定产品或服务产生好感，形成偏好进而长期重复购买该产品或服务的程度，它是一个量化的概念。

顾客忠诚度主要是通过顾客的情感忠诚、行为忠诚和意识忠诚表现出来的。

其中情感忠诚表现为顾客对企业的理念、行为和视觉形象的高度认同和满意；行为忠诚表现为顾客再次消费时对企业的产品和服务的重复购买行为；意识忠诚则表现为顾客做出的对企业产品和服务的未来消费意向。

经典案例

乐购（Tesco）超市公司是英国最大的食品超市公司之一，该公司实施的忠诚计划——"俱乐部卡"（Clubcard），帮助公司大幅度提升了市场份额，使公司成为英国最大的连锁超市集团。

乐购的"俱乐部卡"被很多海外商业媒体评价为"最善于使用客户数据库的忠诚计划"和"最健康、最有价值的忠诚计划"。

1. 简单、优惠的积分规则

俱乐部卡的积分规则非常简单，客户可以从他们在乐购的消费金额中获得1%的奖励，每隔一段时间乐购就会将客户累积的奖金兑换成消费代金券，并将其邮寄到客户的家中。这种简单实惠的积分卡受到了很多家庭的欢迎，很多客户都是自发就开始使用。

2. 运用数据库了解客户需求

在其他连锁超市也推出类似的累计积分计划之后，乐购并没有陷入和它们打价格战、加大客户返还奖励等误区中。乐购通过俱乐部卡掌握了大量翔实的客户购买习惯数据，从中分析每个客户每次的采购量、偏爱的产品、产品使用率等。

3. 成立利基俱乐部

通过对俱乐部卡数据进行分析，乐购将客户划分为多个"利基俱乐部"，如年轻妈妈的"妈妈俱乐部"、单身男性的"足球俱乐部"等，并为这些不同的俱乐部分别制作了不同版本的俱乐部卡杂志，刊登一些俱乐部会员最感兴趣的促销信息和话题。

后来利基俱乐部发展为一个个社区，大大提高了客户的情感转移成本，成本乐购与其他对手竞争的有效壁垒。

4. 关注客户特别需求

乐购关注客户的特别需求，并不断地推出新的优惠和服务。例如，为了满足一些女性购物者对健康的追求，乐购特别推出了"瘦身购物车"。这种推车装有设定阻力的装置，使用者可以自行决定推车时阻力的大小，阻力越大，消耗的卡路里越多。手推车上还装有测量使用者脉搏、推出速度与时间、消耗热量的仪器。这种手推车受到了客户的热烈欢迎。

导师指津

到底如何提高客户忠诚度呢？可以从以下 5 个方面入手：

1. 以客户为核心

要充分重视客户的利益，处理好客户利益和自身利益的关系，在保证为客户创造价值的前提下实现企业利益的最大化。要认真地倾听客户的意见，并将客户反映的各种信息反馈到工作中去。

此外，把企业关注的重点要从一些有形的东西，如对资源、技术、员工和客户的控制转移到无形的东西上来，如对特殊客户的了解、对客户反映的敏感性和与客户构建融洽关系等方面。

2. 建立客户忠诚度提升流程

企业应该建立一套规范的培养和提升客户忠诚度的流程，让企业各个部门的员工都清醒地认识到客户忠诚的重要性，并且知道如何去培养和提升客户忠诚度。同时企业应当能够科学地评估客户忠诚度和流失率。

有了制度与规定，有了评估方法，有了持续提升的方法，企业的客户忠诚计划才能够得到规范的实施与推进。

3. 为客户提供超值服务

一个企业不止要做到让客户满意，要想超越竞争对手，还要为客户提供超值服务。

企业一方面可以从为客户提供前期策划和咨询等方面为客户提供超值服

务，同时在合同履行过程中时时事事为客户着想，想客户之所想，急客户之所急，充分发挥企业自身的优势，及时帮助客户解决所出现的各种问题，就能获得客户的充分认可，提升客户的忠诚度。

4. 重点服务核心客户

不同的客户能给企业带去不同的贡献，有些客户能给企业带去长期丰厚的价值，有些客户则只是短期合作，因此企业要学会区别对待不同的客户。

企业要在分析投入产出比的基础上更多地关怀能够和企业长期合作的高价值型客户，对于一般客户在严格履约的基础上可以适当地减少维护成本。这样做可以有效地分配企业有限的资源，充分提高资源使用效率，避免造成资源浪费。

5. 把握不同阶段的客户心理

一个忠诚客户的形成会经历以下 5 个阶段：

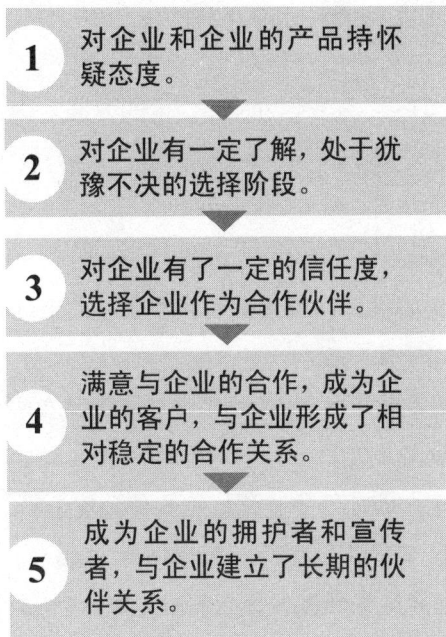

1	对企业和企业的产品持怀疑态度。
2	对企业有一定了解，处于犹豫不决的选择阶段。
3	对企业有了一定的信任度，选择企业作为合作伙伴。
4	满意与企业的合作，成为企业的客户，与企业形成了相对稳定的合作关系。
5	成为企业的拥护者和宣传者，与企业建立了长期的伙伴关系。

企业要充分了解客户的心理处于这五个阶段中的哪一个阶段，要针对不同阶段的客户采取不同的策略，使其最终进入第五个阶段，成为企业的忠诚客户。

八、客户生命周期：客户关系的动态表现

客户生命周期是指以一个客户对企业进行了解或企业欲对一个客户进行开发为开端，直至客户与企业业务关系完全终止且与之相关的事宜完全处理完毕的全过程。

客户关系发展的阶段划分是分析客户生命周期的基础，一般来讲客户关系可以划分4个阶段：考察期、形成期、稳定期和退化期：

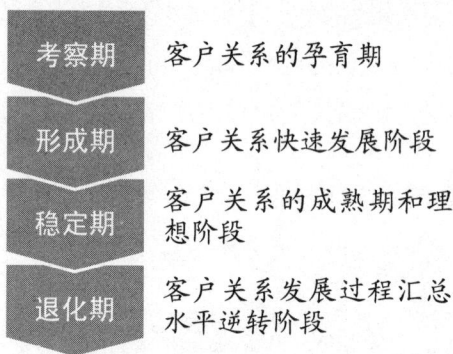

考察期	客户关系的孕育期
形成期	客户关系快速发展阶段
稳定期	客户关系的成熟期和理想阶段
退化期	客户关系发展过程汇总水平逆转阶段

客户生命周期是客户关系水平随时间变化的发展轨迹，动态地反映了客户关系从一种状态（一个极端）向另一种状态（另一个阶段）运动的总体特征。

经典案例

上海移动努力在发展模式、经营模式和管理模式上进行创新，在全国率先实施了"客户生命周期管理"理念。

所谓"客户生命周期管理"，就是对客户从入网、在网、离网到回流的全过程进行管理，包括获取新增客户，对入网客户的收入刺激、成本管控和交叉销售，对有离网倾向的客户进行预警和挽留等多种管理举措。

"客户生命周期管理"以每位客户为出发点，以提高每位客户的整体价值为目标，通过对大量客户数据的深入分析，制定出针对单个客户的个性化策略，并通过企业与客户间的大量接触点来执行这些策略。

"客户生命周期管理"不仅是提升客户价值的关键环节，更重要的是它能将运营商的日常工作连成一体，使之不再呈现零散、孤立的状态，而成为以客

户为中心个性化策略的有机组成部分。

导师指津

不同生命阶段内的客户关系会表现出不同的特点，企业也应该采取不同的管理策略：

1. 考察期：开发新客户

考察期是客户关系探索和试验阶段，最大的特点是双方相互了解不足，不确定性大，因此评估对方的潜在价值和降低不确定性是该阶段的中心目标。

此时企业要进行适当的投资，例如，为客户提供技术解决方案，免费为客户培训员工，为客户提供商品试用等。与客户进行积极、有效的沟通，让客户产生信任感。

2. 形成期：提升客户关系

在形成期，企业和客户已经建立一定的相互信任和依赖的关系，并且关系日趋成熟，双方的风险承受意愿增加，双方的交易也不断增加。

此时已经进入客户成长期，要尽快了解并满足客户个性化的需求，加强与客户的有效沟通。这个时期企业的投入主要是发展投入，目的是进一步融洽客户关系，提升客户的满意度、忠诚度，进一步扩大交易量。

3. 稳定期：保持客户关系

在这一阶段双方对对方提供的价值都非常满意，为了维持稳定的关系，双方都做了大量投入，并产生大量交易，双方关系处于一种稳定状态。此时企业保持客户关系的重点是设置客户退出壁垒和降低交易成本。

设置客户退出壁垒可以从经济、技术、契约三个方面来入手。经济壁垒指如果结束客户关系会让客户在经济上产生损失；技术壁垒是指要让客户对企业的产品或服务产生一定的依赖性；契约壁垒是指双方签订合同，并产生一定的法律效应。

降低交易成本也是从三个方面出发，提高企业内部信息化业务水平，优化企业产品或服务的配送和专业的服务体系，开发企业与客户沟通的信息化渠道，提高企业运作效率。

4. 退化期：二次开发或关系终止

双方交易量下降，一方或双方开始考虑结束关系。此时企业有两种选择，或者是加大投入，对客户进行二次开发；或者是不再投入，逐渐放弃这些客户。

九、顾客至上：赢得顾客忠诚的黄金法则

顾客至上是商业企业的一种经营理念，即企业把为顾客服务摆在首要位置，树立以消费者为中心的观念，想顾客之所想，急顾客之所需，满足顾客的各种需求。

经典案例

沃尔玛的创始人山姆·沃尔顿曾经说过："我们都是在为顾客服务，也许你会想到你是在为你的上司或经理工作，但事实上他也和你一样，在我们的组织之外有个大老板，那就是顾客，顾客至上。"

沃尔玛就是凭借"顾客至上"的经营理念，从一个年轻的小企业发展为美国最大的私人雇主和世界上最大的连锁零售企业。

沃尔玛"顾客至上"的原则主要表现在以下3个方面：

1. 今日事今日毕

沃尔玛有一个"今日事今日毕"，即对顾客的要求要做到当天满足，不管这些要求是来自偏远乡镇的普通顾客，还是来自繁华商业区的大客户，都要做到日清日结，不能拖延。

2. 为顾客提供超越期望值的服务

沃尔玛要求员工为每一位顾客提供比满意更满意的服务，要把顾客带到他们找寻的商品前，而不仅仅是指给顾客，或告诉他们商品在哪儿；对常来的顾客，要特别热情地打招呼，让他们有被重视的感觉。

3．十步原则

沃尔玛要求员工无论在何时何地，只要顾客出现在十步的范围之内，都应该看着顾客的眼睛，主动上前同顾客打招呼，询问其是否需要帮助。

不断地了解顾客的需要，设身处地地为顾客着想，为顾客提供超过期望值的服务，这无疑是沃尔玛成功的重要秘诀之一。

导师指津

顾客至上的理念具体表现在以下 5 个方面：

1．不拒绝顾客的要求

要满足顾客提出的正当、合理的要求，在确实无法满足顾客要求的情况下，也不能简单地对顾客说"不"，而是要委婉、礼貌地向顾客提出建议，试着用另一种顾客可能会接受的方式去满足顾客的需要。如果尽了最大努力仍未满足顾客的要求，应该积极争取顾客的谅解。

2．顾客的事是每个人的责任

企业的每一个员工都应该将顾客的事情当作自己的责任，满足顾客的需求，为顾客提供满意的服务是每一位员工的义务。

当顾客提出要求时，不管是不是分内之事，都应该热情接待。如果不能解决顾客的问题，也要找一个能帮他解决问题的人，或者是帮他找出一个解决问题的办法，绝不能一"推"了事，或毫无诚意地敷衍了事。

3．不给顾客造成任何不愉快

在与顾客交往的过程中，应该始终保持愉快、亲切的态度，任何时候都不应该用生硬、冷漠的态度面对顾客。

不能因为某些个人原因而降低对顾客的服务热情，也不能因顾客某些不合适的行为而使自己行为失控。任何原因都不能成为对顾客失礼、耍态度的理由。

4. 避免对顾客造成干扰

在为顾客提供服务时，尽量减少对顾客造成干扰，工作人员在工作期间应该做到交谈轻、走路轻、操作轻，且不能随意出入属于顾客的空间。

顾客不需要服务时，不能随意打扰顾客，遇到不得不打扰顾客的情况，应该事先和顾客说"对不起"。

5. 懂得保护顾客的自尊心

在向顾客提供服务的过程中，绝对不能产生任何伤害顾客自尊心的行为，而要在各种情况下尽力保护顾客的自尊心，以保证与顾客交往顺畅、愉快。

创业项目如何找资金
——创业融资

　　资金是企业经济活动中的第一推动力，企业能否获得稳定的资金来源、及时足额筹集到生产要素组合所需要的资金，对启动项目，扩大经营和发展有着至关重要的影响。但是对于多数创业者来说，资金仍然是稀缺的资源，因此获取资金的技能和有关知识是创业者需要学习的重要内容之一。

创业导师观点分享：杨浩涌 赶集网创始人

　　我的融资心得：第一是市场，要找一个足够大的市场。第二是要有可预见的前景。第三是对投资人要有诚信，不说假话。VC 比我们聪明一百倍，跟他们相处最大的技巧就是没有技巧，一切以诚相待，公开一切，毫不隐瞒。一旦做了不诚信的事情，后果将会不堪设想。吹牛是要上巨额税赋的！

一、融资渠道：资金不足，如何寻找

融资是指企业从自身生产经营及资金运用情况出发，根据未来经营发展的需要，通过一定的渠道或方式筹集资金，以满足后续经营发展需要的一种经济行为。

融资渠道是指企业取得资金的途径，即资金的供给者是谁。确定融资渠道是融资的前提，它直接影响企业的融资成功率和融资成本，并决定企业融资公关的方向。

经典案例

2014年9月8日，马云开启了阿里巴巴全世界路演第一站纽约站的演讲。马云曾前往硅谷试图融资，但被30名风险投资家拒绝，"现在我回来了，就是要向你们多要点钱。"马云在演讲中戏称。简单的一句自嘲，既包含了马云融资路上的艰辛，也透出了马云在融资路上的睿智。

马云的创业融资之路走了15年：

第一阶段：自我融资

1999年，马云和他的"十八"罗汉集资50万元创办阿里巴巴。阿里巴巴成立之初规模非常小，很多人都是身兼数职。

第二阶段：天使投资

阿里巴巴有一定名气后很快也会面临到资金的瓶颈。高盛经过对阿里巴巴考察，1999年10月由高盛公司牵头，美国、亚洲、欧洲多家一流的基金公司参与，阿里巴巴引入了第一笔高达500万美元的风险投资。

第三阶段：风险投资

随后，阿里巴巴被孙正义所注意，最终二人敲定8 200万美元的投资，这也成为风险投资向纯互联网公司最大的单笔投资。

2005年8月，雅虎、软银再向阿里巴巴投资数亿美元，之后阿里巴巴创办淘宝网，创办支付宝，收购雅虎中国，创办阿里软件。

第四阶段：上市

2007年11月6日，全世界最大的B2B公司阿里巴巴在香港联交所正式挂牌上市，正式登上全世界资本市场的舞台。阿里巴巴的上市成为全世界互联网业第二大规模融资。

2012年6月20日，阿里巴巴B2B公司正式从香港交易所摘牌退市，并与美国时间2014年9月5日美国证券交易委员会提交上市文件，IPO最高融资额将超过211亿美元。

导师指津

现在国内创业者的中小型企业融资渠道较为单一，主要依靠银行等金融机构来实现。其实，创业中小型企业融资要多管齐下才能多多益善。

目前国内中小型企业融资有以下5种渠道：

1. 银行贷款

银行贷款被誉为创业中小型企业融资的"蓄水池"，由于银行财力雄厚，而且大多具有政府背景，因此往往成为创业者的首选。

目前来看，银行贷款有以下4种方式：

● **抵押贷款**，指借款人向银行提供一定的财产作为信贷抵押的贷款方式，主要是房产抵押。

● **信用贷款**，指银行仅凭对借款人资信的信任而发放的贷款，借款人无须向银行提供抵押物。

● **担保贷款**，指以担保人的信用为担保而发放的贷款。

● **贴现贷款**，指借款人在急需资金时，以未到期的票据向银行申请贴现而融通资金的贷款方式。

2. 风险投资

风险投资是指由专业金融人士先对创业企业进行一系列周密的考察、评估，之后再向创业企业投入资金以谋取高额回报的投资方式。

风险投资者的主要来源有富有的个人、企业、政府、机构投资者、商业银行、境外投资者等。

风险投资是一种高风险高回报的投资。风险投资家以参股的形式参与创业企业，为了降低风险，在实现增值目的后投资者会退出投资，且风险投资往往比较青睐高科技创业企业。

3. 民间资本

随着我国政府对民间投资的鼓励与引导，以及国民经济市场化程度的提高，民间资本正在获得越来越大的发展空间。

目前，我国民间投资不再局限于传统的制造业和服务业领域，而是向基础设施、科教文卫、金融保险等领域"全面开花"，对正在为"找钱"发愁的创业者来说，这无疑是"利好消息"。

而且民间资本的投资操作程序较为简单，中小型企业融资速度快，门槛也较低。

4. 融资租赁

企业融资租赁是一种以企业融资为直接目的的信用方式，表面上看是借物，而实质上是借资，以租金的方式分期偿还。它具有以下优势：不占用创业企业的银行信用额度，创业者支付第一笔租金后即可使用设备，而不必在购买设备上大量投资，这样资金即可调往最急需用钱的地方。

企业融资租赁这种筹资方式，比较适合需要购买大件设备的初创企业，但在选择时要挑那些实力强、资信度高的租赁公司，且租赁形式越灵活越好。

5. 互联网融资

随着互联网金融的发展，创业企业通过互联网进行直接或间接融资也非常活跃，并出现很多的创新和突破。众筹、P2P 网贷、阿里巴巴蚂蚁微贷等一些互联网融资渠道为创业者带来了实实在在的好处。

但是，互联网融资目前缺乏透明度，因此作为融资者应该选择信誉好、行业排名靠前的知名平台。

二、内源融资：内部融资，自给自足

内源融资是指企业不断从自身内部充分挖掘资金利用潜能，利用企业自身的信用、折旧、票据和固定资产等因素转化为投资的过程。

内源融资包括自筹融资、留存收益融资、内部集资、股利政策、折旧融资和变卖融资等。

经典案例

北京丽人科技有限公司是在全国拥有中医养生美容连锁的机构，在全国拥有超过百家连锁机构，拥有减肥法、瘦脸技术等多项独创技术。

为了做好宣传，扩大市场份额，公司需要 2 000 万元资金的投入。钱从哪里来呢？丽人公司的做法是从内筹资，通过加大力度扶持加盟店回笼资金。

为了更好地管理各个加盟店，丽人有限公司进一步完善了加盟体系，并系统研究产品价值、市场定位等问题，为各个加盟商提供最完善的支持服务系统，包括工商执照注册、物流配送、产品使用、销售技巧、售后服务、员工培训、人才激励等。同时，公司委派负责人到各个加盟店进行巡回演讲就地指导。这样丽人公司扶持好一家加盟店每月可回笼资金 4 万多元，100 家加盟店一年内可实现回笼 3 000 万元的目标。

通过一系列支持加盟商发展的服务，连续六个月有超过 50 多家的加盟商保持盈利，丽人公司从中获得回笼资金 1 500 万元。

同时，为了避免回笼资金不够，丽人公司还通过设备质押、变卖，引进新股东进行股权中小型企业融资等方式获得资金 550 万元。半年丽人公司就实现了融资 2 050 万元。

在缺钱时，很多人首先想到的就是从外部借钱，美其名曰为"中小型企业融资"。其实企业经营的原始积累同样可以造就再生产扩大，只要解决好了源头问题，管理也可以出资金，我们不应忽略其巨大的作用，这比外部中小型企业融资来得更实惠，保障系数也更高，并且可以持续保持水流不断。

导师指津

企业实施内源融资需要做好以下 3 点工作：

1. 观念上重视内源融资

首先要有内源融资的观念，要充分认识到内部资金是衡量一个企业发展前途的重要尺度，是评价一个企业经营状况的重要因素，如果过分依赖外部资金，必然会严重削弱自我生存和发展的能力。

2. 从运营上支持内源融资

企业销售额的大小决定了内源融资中留存盈利和定额负债的多少，企业销售额越高，相应的留存盈利就越多，定期负债也就越低。

3. 从制度上保证内源融资

只有建立其产权分明、权责明确、政企分开、管理科学的现代企业管理制度，才能使企业的每一个人真正关心企业的积累，从而从根本上提高企业内源融资的能力。

三、创业贷款：创业者的"安神汤"

创业贷款是指具有一定生产经营能力或已经从事生产经营的个人，因创业或再创业提出资金需求申请，经银行认可有效担保后而发放的一种专项贷款。

符合条件的借款人，根据个人的资源状况和偿还能力，最高可获得单笔50万元的贷款支持；对创业达到一定规模或成为再就业明星的人员，还可以提出更高额度的贷款申请。

创业贷款的期限一般为1年，最长不超过3年。为了支持下岗职工创业，创业贷款的利率可以按照人民银行规定的同档次利率下浮20%，许多地区推出的下岗失业人员创业贷款还可享受60%的政府贴息。

经典案例

张明毕业后一直在为别人打工，后来他产生了自己创业当老板的想法。想到自己初入社会时到处租房的经历，他瞄准了租房这一领域，于是他决定开家单身公寓。

按照预算，装修及购置简单家具的开支为 3 万元，且租赁房子需要预交一年的房租，三套房子下来需预付 1 万元，这样计算下来总的创业启动资金是 4 万元，但是张明在购买了自己的房产后手头没有那么多的活动资金，创业资金不够怎么办呢？一时间张明陷入了困境。

后来，一位朋友为他指出了一个方法，去银行申请创业贷款。于是张明将自己新购置的房产作为抵押，在银行申请办理了创业贷款。贷款拿到手后，张明才发现这种贷款不仅手续简单，而且自己还能享受 20%的下浮利率。

依靠这笔创业贷款，张明的单身公寓很快开张了，并且生意非常火爆。随后张明又算了一笔账，扣除贷款利息、装修、购买家具等各项开支，他每个月可净赚 6 000 元左右的房租。

导师指津

按照规定，申请个人创业贷款的人必须是年龄在 50 岁以下具有完全民事行为能力的人。此外，若是申请人为个体工商户或是个人独资企业的，则需提供有工商行政管理机关核发的工商营业执照、税务登记证及相关的行业经营许可证。

创业人员申请创业贷款是按照区域就业局受理申请进行初审、市就业局进行复审推荐、财政部门承诺是否贴息、担保机构审核担保、经办银行核准放贷的程序来办理的。申请时，创业人员应该提交以下材料：

- 借款人及配偶身份证件（包括居民身份证、户口簿或其他有效居住证原件）和婚姻状况证明；
- 个人或家庭收入及财产状况等还款能力证明文件；
- 营业执照及相关行业的经营许可证，贷款用途中的相关协议、合同或其他资料；
- 担保材料：抵押品或质押品的权属凭证和清单，有权处置人同意抵（质）押的证明，银行认可的评估部门出具的抵（质）押物估价报告。

四、民间借贷：不是只有银行才能借

民间借贷是指公民之间、公民与法人之间、公民与其他组织之间的借贷。

只要双方当事人意思表示真实即可认定有效，因借贷产生的抵押相应有效，但利率不得超过人民银行规定的相关利率。

民间借贷分为民间个人借贷活动和公民与金融企业之间的借贷。民间借贷具有灵活、简便、快速、收益率高等优势。民间个人借贷活动必须严格遵守国家法律、行政法规的有关规定，遵循自愿互助、诚实信用原则。

经典案例

徐国鹏从事业单位辞职后开始了自己的创业之路，在福州的一个工业园区成立了一家日用品公司，生产一种科技含量颇高的分子材料及制品。说起企业的商机，徐国鹏信息十足，但说到融资问题，让他有点儿无奈。

借遍所有亲朋好友，再加上自己的积蓄，资金还是差一大截，徐国鹏尝试寻找风险投资人和天使投资人，但他们开出的条件非常苛刻，让徐国鹏无法接受，前期启动资金不足让徐国鹏举步维艰。

后来经朋友介绍，徐国鹏找到了本地的贷款公司，根据贷款公司的建议，他一步步进行申请。令他没想到的是，只用了十几天的时间 150 万元的款项就到账了。

事后徐国鹏感慨万千地说："民间借贷这么轻松地帮我解决了融资的问题，真是让我免受等'贷'之苦。"

导师指津

很多民间借贷是通过中介公司进行，融资者在选择民间借贷中介公司时要注意以下 4 个事项：

1. 查看公司的正规性

正规的借贷公司要有抵押物评估、合同签订、抵押登记等一整套操作流程，并且在签订合同时有律师或公证机关做见证，以更好地保障借款人和出借人的合法权益。

2. 关注借贷利率范围

按照规定，民间借贷的利率可以适当高出银行利率，但最高不得超过银行同类贷款利率的四倍。因此，选择中介借贷公司要关注其利率设置是否符合规定。

此外，各家公司举荐的利率可能会存在较大的差距，融资者要货比三家，多咨询几家公司，最好能选择利息较少的公司，以免支付过高的融资本钱。

3．关注公司从业时间

融资者在选择借贷公司时要仔细检查公司的从业时间。借贷公司一般在刚成立的 1~2 年风险较大，正规的借贷公司经营专业、诚信，经得起考验，而很多小公司往往因为过多地追求利益，操作不规范最终导致客户借贷存续期间出现问题，给融资者带来很大的麻烦。

4．探查公司的市场信誉

拥有良好市场信誉的借贷公司在业务操作上更规范、更值得信赖，同是融资也更加安全、便捷。

五、票据贴现融资：和银行做个票据买卖

票据贴现是指持有汇票的企业为了实现融资目的，把没有到期的商业汇票转让给银行，银行按照票面金额扣除贴现利息后向企业支付现款，当票据到期时再向出票人收款的一项融资行为。

票据贴现的期限都较短，一般少于 6 个月。且可以办理贴现的票据只有已经承兑的尚未到期的商业汇票。

经典案例

2015 年 12 月 29 日，邮储银行广东省分行、招商银行广州分行、平安银行广州分行分别被授予"广东省中小微企业小额票据贴现中心"牌匾，这标志着广东省专业化的中小微企业票据融资平台正式建立，为中小微企业持有的小额商业汇票贴现提供专业化服务。

广东小额票据贴现中心的职能是专门为中小微企业办理面额在 100 万元及以下的小额商业汇票贴现业务，对中小微企业持有的小额银行承兑汇票应见票即办理，对商业承兑汇票应视授权授信情况积极办理，并给予利率上的优惠。

在 2015 年 5 次降准降息的政策背景下，人行广州分行综合运用多种货币政策工具，积极引导金融资源向中小微企业流动。

截至 2015 年 11 月末，金融机构票据融资余额同比增长超过 42%，比其他各类贷款增速高出 28 个百分点。人行广州分行累计办理再贴现业务 7 204 笔，累计发放金额超多 160 亿元，同比增长 26%，其中中小微企业票据占比达 9 成以上，企业融资成本不断下降。

导师指津

申请票据贴现要满足以下条件：

- 按照《中华人民共和国票据法》规定签发的有效汇票，基本要素齐全；
- 单张汇票金额不超过 1 000 万元；
- 汇票的签发和取得必须遵循诚实守信的原则，并以真实合法的交易关系和债务关系为基础；
- 承兑行具有银行认可的承兑人资格；
- 承兑人及贴现申请人资信良好；
- 汇票的出票、背书、承兑、保证等符合法律法规的规定。

贴现申请人需要提供以下资料：

- 贴现申请书；
- 未到期的承兑汇票，贴现申请人的企业法人资格证明文件及有关法律文件；
- 经年审合格的企业（法人）营业执照（复印件）；
- 企业法人代表证明书或授权委托书，董事会决议及公司章程；
- 贴现申请人与出票人之间的商品交易合同及合同项下的增值税专用发票复印件；
- 贴现申请人的近期财务报表。

申请票据贴现的具体流程如下：

持未到期的商业汇票到银行，并填写《银行承兑汇票贴现申请书》或《商业承兑汇票申请书》

↓

按照要求提供相关的资料，银行对拟贴现汇票和贸易背景的真实性、合法性进行审查

↓

计算票据贴现的利息和金额

↓

银行按照实付贴现金额发放贴现贷款

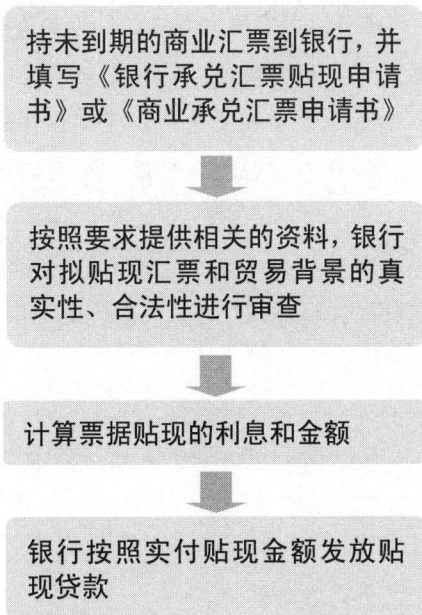

六、典当融资：短期融资，创业者的"速泡面"

典当融资是指企业在短期资金需求中利用典当行救急的特点，将动产、财产权利或者房产作为当物质押给典当行，交付一定比例的费用，取得当金并在约定期限内偿还当金，支付当金利息，赎回典当物的行为。

一般来说，房产、汽车、珠宝、黄金、钟表、相机、电脑、股票、股权等都可以作为点典当融资的资产，但来源不明的物品、易燃、易爆、剧毒、放射性物品，管制刀具、枪支、弹药、军警用标志、制式服装和器械等国家明文规定禁止的物品不可以典当。

经典案例

周宏佳毕业之后一直在做通信设备代理，前段时间他争取到了一款品牌手机的代理权，可问题是必须要在3天内结清货款才能拿到货，而他的资金都投资在另一个项目上，可他又不甘心放弃这来之不易的代理权。

到银行申请贷款，一大堆烦琐的审批手续让他犯晕，且周期较长。于是他想

到了自己之前听别人提过的典当，周宏佳决定将自己的宝马车拿出来质押典当。

到典当行说明情况后，典当行告诉他：资料齐全当天即可办理手续拿到资金。周宏佳大喜过望，立即着手办理相关手续，提交各种证件、填表、签署合同、车辆入库、领取当金，一整套流程下来只用了半天的时间，很快就拿到了急需的 45 万元。

拿到新款手机后他很快将其投入市场，此时市场上该款手机现货还很少，这次提前供应抢出宝贵的时间让他净赚了 15 万元左右。

导师指津

融资者可以将房产、车辆、股票进行质押来获得资金，其典当程序如下：

1. 房产抵押典当

房产抵押典当需提交以下有效证件：

- 产权证；
- 土地使用证；
- 契税证；
- 购房发票；
- 房产所有人（共有人）身份证或户口簿原件及复印件；
- 产权附属材料（如物业管理费及水电费的收费凭证）。

具体程序如下：

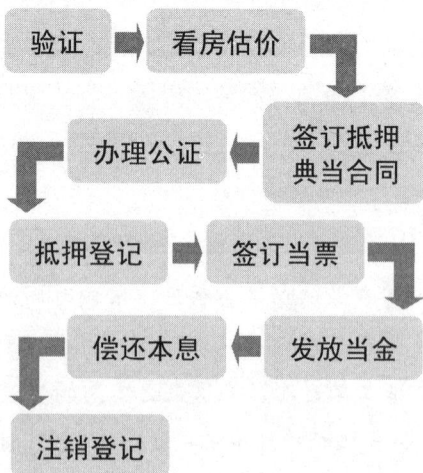

```
验证 ➡ 看房估价 ➡
         签订抵押
办理公证 ⬅ 典当合同
  ⬇
抵押登记 ➡ 签订当票 ➡

偿还本息 ⬅ 发放当金
  ⬇
注销登记
```

2. 车辆质押典当

个人进行车辆质押典当需要向典当行提供以下材料：

- 车辆购买原始发票；
- 行车证正、副本；
- 附加费凭证；
- 车辆购置税完税证明；
- 交通规费查验证；
- 排污检测证；
- 车辆保险单；
- 车辆所有人（共有人）身份证或户口本原件、复印件。

单位典当还需提供营业执照及复印件、法人代码证及复印件、法人代表人身份证及复印件、经办人身份证原件及复印件。

车辆典当的程序如下：

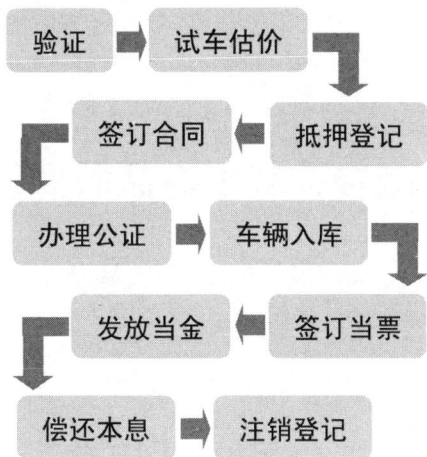

```
验证 ➡ 试车估价
              ⬇
   签订合同 ⬅ 抵押登记
   ⬇
办理公证 ➡ 车辆入库
              ⬇
   发放当金 ⬅ 签订当票
   ⬇
偿还本息 ➡ 注销登记
```

3. 股票质押典当

个人进行股票质押典当需向典当行提供本人身份证原件及复印件、股东账户卡；若是单位进行股票质押典当，需要提供以下资料：

- 营业执照副本及复印件；
- 法人代码证；
- 授权委托书；
- 法人代表身份证原件及复印件；
- 经办人身份证原件及复印件；
- 股东账户卡。

办理的具体程序如下：

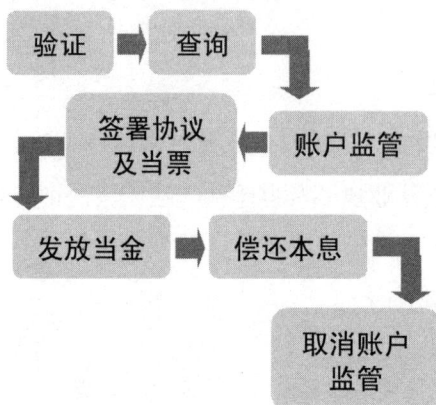

验证 → 查询 → 账户监管 → 签署协议及当票 → 发放当金 → 偿还本息 → 取消账户监管

七、商业信用融资：基于商品的借贷活动

商业信用是指企业之间在买卖商品时以商品形式提供的借贷活动，它是经济活动中的一种最普遍的债权债务关系。

经典案例

张超是在技校学习理发专业，毕业后自己开了一家理发店。他的理发店位于商业闹区，开业近两年以来拥有了大批稳定的客户，每天生意不断，再加上张超经营有方，理发店每月都有可观的利润。

由于经营场所面积有限，张超始终无法扩大经营，于是他就有了增开分店的想法，但是总店开张不久，投入的资金较多，张超一时也拿不出另开一家分店的资金。

张超在苦思分店启动资金时，灵机一动，不如在自己的店里推出"预存理发费享打折优惠"的活动。张超向客户推出了金卡和银卡两种理发卡：银卡是预存 10 次理发钱，理发时可享受 8.5 折优惠；金卡是预存 20 次理发钱，理发时可享受 7 折优惠。

对于客户来讲，在没有理发卡的情况下，理一次发需要 20 元，如果购买银卡，预存 10 次理发钱，一次性支付 170 元，平均每次理发只要 17 元，理 10 次发可以省下 30 元；如果购买金卡预存 20 次理发钱，一次性支付 280 元，平均每次理发只需 14 元，理 20 次发可以省下 120 元。

张超通过这种优惠让利活动，吸引了很多客户来办理理发卡，两个月内他总共吸引到理发预存款 8 万多元，足够解决开分店的资金问题，同时也赢得了一批固定客源。

很快他的分店就开了起来，客户凭借理发卡在总店、分店均可享受优惠，很快张超的分店也获得了丰富的客源，他的生意更是蒸蒸日上。

导师指津

商业信用融资包括以下 3 种方式：

1. 应付账款融资

应付账款融资指企业在购买货物时未付货款对供货方形成欠款，在购货后的一定时间内再向供货方支付货款的一种商品交易形式。

对于企业而言，应付账款融资简单、方面，无须办理融资手续和支付融资费用，但它不可以享受现金交易时可享受的折扣，同时还需要担负一定的成本，因为往往付款越早，折扣越多。

2. 商业票据融资

商业票据是指由金融公司或某些企业签发的，无条件约束自己或要求他们支付约定金额，具有流通转让性质的有价证券。

企业遇到短期资金需求量大的情况，可以选择发行商业票据来融资，否则不宜采用该中融资方式。此外，企业若想通过发行商业票据进行融资需要具备以下几个条件：

- 企业财力雄厚，具有良好的信誉，有可靠的资金来源；
- 必须是原有旧公司发行的商业票据，新开办的公司不能采取该种方式融资；
- 在某一大银行能以最优惠利率的借款；
- 在银行有可供利用的信用额度。

3. 预收货款融资

预收货款融资是指供货方按照合同约定，在交付货物之前向购货方预先收取一定货物价款的信用形式。这种信用形式适用于紧俏商品或生产周期长、成本售价高的商品。

作为供货方企业，如果想要用这种方式融资需要满足一定的条件：

- 企业有良好的经营效益和信誉；
- 良好的生产计划和足够的产品产量；
- 供货样品符合质量要求；
- 真实的广告宣传；
- 买卖双方签订有法律合同；

八、融资租赁：借鸡生蛋，卖蛋买鸡

融资租赁是指出租人根据承租人对租赁物件的特定要求和对供货人的选

择，出资向供货人购买租赁物件，并租给承租人使用，承租人则分期向出租人支付租金，在租赁期内租赁物件的所有权属于出租人所有，承租人拥有租赁物件的使用权。

直接租赁： 即出租人根据承租人提出的设备规格要求，利用在筹措到的资金向制造厂商订货并支付货款，购进设备后直接出租给承租人。

出售回租： 即承租人将自己拥有的设备卖给租赁机构，然后以租赁的方式租回使用的一种租赁方式。

转租赁： 即第二出租人按照最终承租人对设备的要求，先以承租人的身份从第一承租人处租进设备，然后向最终承租人转租的一种租赁方式。

杠杆租赁： 指涉及承租人、出租人和资金出借人三方的融资租赁形式。当涉及的资产价值昂贵时，出租人只投入租赁设备购置款项的 20%~40%，其余资金则通过将该资产抵押担保的方式，向第三方（资金出借人）申请贷款解决。

出租人将购进的设备出租给承租方，用收取的租金偿还贷款，该资产所有权属于出租方，出租人既是债权人又是债务人，如果出租人到期不能按期偿还借款，资产所有权则转移给资金的出借人。

融资租赁具有融资与融物相结合的特点，若出现问题，租赁公司可以对租赁物件进行回收、处理，因而对办理融资企业的资信和担保要求不高，非常适合中小型企业融资。

经典案例

赵峰一手创办了三洋纸业有限公司，经营效益良好。为了更好地发展企业，提高产能以获得更多的大订单他决定设置一条生产线，但一条生产线需要投入 900 多万元，该到哪里找到这笔钱呢？

赵峰尝试到银行申请贷款，虽然他的产品有市场，手上也有订单，但由于缺乏抵押物，银行不愿意向他提供贷款。资金无法到位令赵峰设置产业线的计划搁浅。

他向为自己提供机器设备的张先生提起了这件事情，张先生说："可以做啊，融资租赁即可帮你解决。"并告诉了赵峰申请融资租赁的流程。

赵峰很快就找到了融资租赁公司，并提交了自己企业的相关信息，融资租赁公司派专业人员进行实地考察后，判定其符合相关标准，随后融资租赁公司向供应商支付930万元，供应商收到项目资金后立即派人到赵峰的企业进行生产线安装、调试工作。

赵峰很庆幸自己尝试了融资租赁这种方法，现在他的生产线已经投入使用，产能大大提高，企业利润也直线上升。而根据合同他在支付20%的首付款后，只需在每个月还一次租金即可。不像银行贷款那样，要么不还，要么一次还清，避免了企业短期资金压力过大的情况。最终合同到期时，赵峰还可以从供应商那里以折扣价格购得生产设备。

导师指津

直接租赁是融资租赁的主要形式，其一般流程如下：

1. 出卖人或最终承租人提出租赁请求

出租人按照承租人的要求和选择购买设备，然后承租人向出租人委托租赁选定的设备。

2. 出卖人向出租人提交租赁申请书和最终承租人的资料

承租人需要提供以下资料：

● 企业营业执照与税务登记；

● 主要负责人名单；

● 最近三年资产负债表；

● 利润表；

● 产销量表等。

3. 资料审批

出租人对承租人的资料进行审批，并将审批结果告知出卖人。

4. 签订合同

租赁审批通过，出租人与承租人签订租赁合同。一般来说，合同中要包含以下内容：

- 租赁物的名称（包括租赁物的制造厂家和出卖人，此部分由承租人确定）；
- 数量；
- 规格；
- 性能；
- 租赁期限；
- 租金构成及支付方式和期限。

5. 出租人确定合同的准确性

出租人确认合同内容、承租人签名、签署时间、承租人公章即合同盖骑缝章等的准确性。

6. 出租人与出卖人签订购销合同

根据承租人的要求，出租人和出卖人签订买卖合同，对一些特定的事项作出说明：

- 卖方保证该合同租赁物是出租人购入用于租给承租人使用的；
- 卖方保证合同约定的设备规格、型号、质量和性能等条件符合承租人的使用目的；
- 由供货方为承租人提供租赁物的质量保证和其他服务；
- 在承租人与出租人签订租赁合同后，购货合同方能生效。

7. 租赁物安装调试、验收

由出卖人安排人员到租赁物设置场所对其进行安装、调试，并由承租人验收。

8. 确定首期款项支付时间

出租人与承租人联系，确认设备的正常，并确定承租人首期款项的支付时间和相关资料是否齐全（包括承租人信息、租赁合同、购销合同、验收确认书、出卖人验收单复印件），出租人在两日内向承租人发一份双方签订的租赁合同。

9. 出租人支付款项

出租人收到承租人首期租金和出卖人的发票后，在合同规定的时间内向出卖人支付设备款项。

10. 租赁期满设备处置

待租赁期满后，承租人可以对设备做出留购、退租、续租不同的选择。一般是出租人通过收取名义货价的形式向承租人转移设别的所有权。

九、天使投资：创业者的"营养奶粉"

天使投资是指个人出资协助具有专门技术或独特概念而缺少自有资金的创业家进行创业，并承担创业中的高风险和享受创业成功后的高收益。或者说是自由投资者或非正式风险投资机构对原创项目构思或小型初创企业进行的一次性的前期投资。

而"天使投资人"通常是指投资于非常年轻的公司以帮助这些公司迅速启动的投资人。在风险投资领域，"天使"这个词指的是企业家的第一批投资人，这些投资人在公司产品和业务成型之前就把资金投入进来。

天使投资往往是一种参与性投资，也被称为增值型投资。投资后天使投资家一般会积极参与投资后的管理，包括为被投企业提供战略决策和战略设计、为被投企业提供咨询服务、帮助被投企业招聘管理人员、协助公关、设计退出渠道和组织企业退出等。

经典案例

Google 的创始人拉里·佩奇和谢尔盖·布林在 20 世纪 90 年代，通过信用卡借来了 15 000 美元购买了一堆电脑磁盘驱动器，并在斯坦福大学建起了自己的工作间，最终开发出技术上先进的搜索引擎。

在 Google 初创之时，他们拜访过不少投资人的大门，结果却统统吃了闭门羹。即使到了 Google 的用户流量经常性地致使斯坦福大学的校园网瘫痪的地步，

Google 也没有吸引任何投资人的兴趣。当拉里·佩奇和谢尔盖·布林绝望地想卖掉自己的技术项目时，他们一度跑遍了 AOL、微软、Yahoo 等公司，结果统统都被嗤之以鼻，无人问津。

Google 的这种状态直到得到斯坦福校友、Sun 公司创始人之一、思科的副总裁安迪·贝托尔斯海姆的首轮天使投资而结束。

贝托尔斯海姆看了拉里·佩奇和谢尔盖·布林的演示，非常看好这项技术，但是由于时间匆忙贝托尔斯海姆便说"我听不懂你们的商业模式，但我还是先给你们一张支票，半年之后再告诉我你们在做什么"。

后来，《撬动地球的 Google》一书中这样记述："没有谈判，没有讨论股票或者公司估价。不过这些细节对贝托尔斯海姆而言都是无关紧要的。作为 Sun 公司共同创始人永远也不会忘记一位早期 Sun 公司的投资人毫不犹豫地递给他一张支票的情景，这个举动使得那位投资人立刻成为这项后来被证明非常成功的企业的一分子。"

事实上贝托尔斯海姆的投资不仅给了谷歌联合创始人们的信心，也使他们在向家人和朋友融资时更具说服力。拉里·佩奇和谢尔盖·布林很快就筹到了大约 100 万美元，这些钱足够他们迈出计划中关键的一步。

接着在正式创业的第二年，谷歌创始人说服硅谷最负盛名的 KPCB 和红杉资本风险投资公司，每家各投入 1 250 美元，并以公司股权的 9% 作为回报。公司创业不到 3 年，还未产生任何赢利，就价值亿万美元。

2004 年 8 月 Google 公开发行了它的股票，每股单价为 85 美元，成为当时有史以来规模最大的科技股 IPO。谷歌上市后，贝托尔斯海姆的 10 万美元变成了将近 3 亿美元，投资增值了 1 500 倍。

导师指津

天使投资人决定向创业者投资后，双方要签署投资协议，以对双方一系列投融资行为作出法律约束。投资协议中一般的条款由双方协商确定各自的权利义务即可，但是作为创业者，签署投资协议时要特别需要注意以下三点：

1. 管理层是否发生变化

天使投资人入股公司后，除了投钱他们一般还会要求拥有一定管理权，这样就会涉及公司管理层结构的变化。创业者要特别注意这方面的变动，要与天使投资人严格明确地约定管理权问题，避免以后因权限不明而造成纠纷。

2. 是否存在对赌条款

为了保护自己的利益，很多投资人会在投资时加入一些对赌性质的条款。即双方在达成融资协议时约定，如果企业未来的经营效果达到当初约定的水平，则融资企业可以获得一定的权利，以补偿当初企业价值被低估的损失；否则投资方将获得一定的权利，以补偿当初企业价值被高估的损失。

面对对赌条款创业者要慎重考虑，要从实际情况综合考评自己是否有能力达到协议要求，否则一旦失败就只能执行对赌失败的约定。

3. 是否设立期权池

期权池是在融资前为引进高级人才而预留的一部分股份，用于激励员工。

为了避免投资后股权被稀释，有些天使投资人在投资之前会要求创业公司设立期权池。遇到这种情况，创业者可以设立一个相对较小的期权池，并可以和天使投资人做出约定：之后参与进来的 VC 若要求扩大期权池，扩大的同时股权要同比稀释。

十、风险投资：创业融资的"维生素"

风险投资简称 VC，广义上讲，风险投资泛指一切具有高风险、高潜在收益的投资；狭义上讲，风险投资是指以高新技术为基础，生产与经营技术密集型产品的投资。根据美国全美风险投资协会的定义，风险投资是由职业金融家投入到新兴的、迅速发展的、具有巨大竞争潜力的企业中一种权益资本。

风险投资家一旦看准了一个公司或项目，他们不仅会投入资本，同时还会帮助公司经营管理，因此，对于起步阶段的公司而言，接受风险投资得到不单纯是钱，还有更重要的是资源，如战略决策的制定、技术评估、市场分析、风险及回收的评估、帮助招募管理人才等。

经典案例

在一栋楼内，除了能为驴友、青年白领提供住宿的地方，同时整合餐厅、健身、办公、酒吧、书吧等服务，并定期举行主题分享活动，这就是广州大学的学生张安娜的梦想，也是她目前正在践行的创业项目。

在参加创业班时，张安娜认识了自己的第一个合伙人刘威，两个人达成合作后开始写创业计划书、众筹、网上推广等，在两周的时间内就吸引了43万元的资金，但是第一次项目试水以失败告终。

后来在参加一次创业活动时，张安娜在广州大学创业研究院院长王满的引荐下认识了投资人。他们重新选定了项目地址，项目面积也从原来的500平方米扩大到4 200平方米，2015年9月30日公司完成了300万元的天使轮融资，至12月份公司已经累计获得近千万元风险融资。

在谈到找风险投资这方面的技巧时，张安娜说道："首先要进行大量翔实的市场调研，在分析调研结果的基础上将自己的创业项目能做到简洁明了地说明，包括竞争优势、团队分工、盈利等。其次要有充分的自信，你不一定一开始就能获得投资人的认可，所以一定要有自信，但切忌浮夸。"

导师指津

创业者如何才能获得投资人的风险投资？下面的几个问题往往是投资人决定是否投资的判断依据：

1. 简单清晰的商业计划书

商业计划书其实就是讲故事，你是做什么的，产品还是服务？特点是什么？用户有哪些？竞争对手在哪里？优势是什么？想拿多少钱，用来做什么？商业计划书只要能将事情讲清楚就行，不必长篇大论，能用一页纸说清楚，绝不用两页纸。

2. 逻辑清楚的执行摘要

执行摘要是让投资人了解你的计划重要机会，一个比较标准的商业计划最多20页，执行摘要最多300字，PPT演示最多10张。执行摘要要逻辑清楚，重点要按照顺序说明三个问题：市场团队、财务、技术。

3．规避政策风险

VC非常注意政策风险，包括法律风险，创业者要保证自己的项目是在国家允许的范围内，最好是国家倡导的项目，跟上时代步伐，时代需要、政府倡导的项目更容易获得青睐。

4．明确的企业定位

企业定位反映了企业的经营策略，投资人希望从你的商业计划书中获得你对企业的定位，也就是说你要有不同的定位，创业者要利用自己的产品或服务明确自己在产业价值系统中的角色。

5．风险承担能力

投资人不会愿意承担比你更大的风险，因此他们会看你为此承受了多大风险，他们会更多地考虑你为此投入的时间、资源、金钱，甚至你是否愿意为它放弃已经非常稳定的工作和收入。

6．清晰的企业远景

创业者应该充分表现自己企业清楚的远景和未来格局，给投资人一个期待。

7．具有吸引力的产品或服务介绍

产品或服务介绍要有吸引力，无须全面透露创业计划中的核心技术问题，这样既能说明创意，又能保护自己的知识产权。

8．勇于承认自己团队的弱点

团队应该吸收各方面的优秀人士，但难免也会存在不足之处，如果能够诚实地向投资人承认自己团队的弱点，可能会赢得投资人的帮助，你会得到投资人的真心相待。

9. 表明投资风险

竞争无处不在，要告诉投资者所面临的竞争，让他们知道他投资的潜在风险是什么。此外，更要让投资者知道你的核心竞争力是什么，以增强投资人的信心。

10. 以数据推论市场占有率和损益平衡

对自己的创业项目有一个快速成长的规划，要告诉投资人你将在多短的时间内获得多大的市场占有率，并以数据为支持对何时实现损益平衡做出推论。

十一、创业计划书：成功融资的敲门砖

创业计划书也叫作商业策划书、融资计划书，是企业或项目单位为了达到招商融资和其他发展目标的目的，在经过前期对项目科学地调研、分析、搜集与整理有关资料的基础上，根据一定的格式和内容的具体要求而编辑整理的一个向投资合作者全面展示公司和项目目前的状况、未来发展潜力的书面材料。

一份好的创业计划书要具备以下几个特点：

- 专注于产品本身；
- 在同行业有竞争力；
- 充分的市场调研；
- 有力的资料说明；
- 表明行动的方针；
- 能展示优秀的团队；
- 良好的财务预算等。

经典案例

×公司（或×项目）创业计划书

2015 年×月

（公司资料）

地址：北京市海淀区××路××号

邮政编码：100000

联系人及职务：李某　x公司创始人

电话：010-××××××

传真：010-××××××

报告目录

第一部分　摘要

（整个计划的概括）（文字在2~3页以内）

一、公司简单描述

二、公司的宗旨和目标（市场目标和财务目标）

三、公司目前股权结构

四、已投入的资金及用途

五、公司目前主要产品或服务介绍

六、市场概况和营销策略

七、主要业务部门及业绩简介

八、核心经营团队

九、公司优势说明

十、目前公司为实现目标的增资需求：原因、数量、方式、用途、偿还

十一、融资方案（资金筹措及投资方式及退出方案）

十二、财务分析

1. 财务历史数据（前3~5年销售汇总、利润、成长）

2. 财务预计（后3~5年）

3. 资产负债情况

第二部分　综述

第一章　公司介绍

一、公司的宗旨（公司使命的表述）

二、公司简介资料

三、各部门职能和经营目标

四、公司管理

1. 董事会

2. 经营团队

3. 外部支持（外聘人士/会计师事务所/律师事务所/顾问公司/技术支持/行业协会等）

第二章　技术与产品

一、技术描述及技术持有

二、产品状况

1. 主要产品目录（分类、名称、规格、型号、价格等）

2. 产品特性

3. 正在开发/待开发产品简介

4. 研发计划及时间表

5. 知识产权策略

6. 无形资产（商标/知识产权/专利等）

三、产品生产

1. 资源及原材料供应

2. 现有生产条件和生产能力

3. 扩建设施、要求及成本，扩建后生产能力

4. 原有主要设备及需添置设备

5. 产品标准、质检和生产成本控制

6. 包装与储运

第三章　市场分析

一、市场规模、市场结构与划分

二、目标市场的设定

三、产品消费群体、消费方式、消费习惯及影响市场的主要因素分析

四、目前公司产品市场状况，产品所处市场发展阶段（空白/新开发/高成长/成熟/饱和）产品排名及品牌状况

五、市场趋势预测和市场机会

六、行业政策

第四章　竞争分析

一、有无行业垄断

二、从市场细分看竞争者市场份额

三、主要竞争对手情况：公司实力、产品情况（种类、价位、特点、包装、营销、市场占率等）

四、潜在竞争对手情况和市场变化分析

五、公司产品竞争优势

第五章　市场营销

一、概述营销计划（区域、方式、渠道、预估目标、份额）

二、销售政策的制定（以往/现行/计划）

三、销售渠道、方式、行销环节和售后服务

四、主要业务关系状况（代理商/经销商/直销商/零售商/加盟者等），各级资格认定标准政策（销售量/回款期限/付款方式/应收账款/货运方式/折扣政策等）

五、销售队伍情况及销售福利分配政策

六、促销和市场渗透（方式及安排、预算）

　1. 主要促销方式

　2. 广告/公关策略、媒体评估

七、产品价格方案

1. 定价依据和价格结构

2. 影响价格变化的因素和对策

八、销售资料统计和销售纪录方式，销售周期的计算。

九、市场开发规划，销售目标（近期、中期），销售预估（3~5 年）销售额、占有率及计算依据。

第六章　投资说明

一、资金需求说明（用量/期限）

二、资金使用计划及进度

三、投资形式（贷款/利率/利率支付条件/转股-普通股、优先股、任股权/对应价格等）

四、资本结构

五、回报/偿还计划

六、资本原负债结构说明（每笔债务的时间/条件/抵押/利息等）

七、投资抵押（是否有抵押/抵押品价值及定价依据/定价凭证）

八、投资担保（是否有抵押/担保者财务报告）

九、吸纳投资后股权结构

十、股权成本

十一、投资者介入公司管理之程度说明

十二、报告（定期向投资者提供的报告和资金支出预算）

十三、杂费支付（是否支付中介人手续费）

第七章　投资报酬与退出

一、股票上市

二、股权转让

三、股权回购

四、股利分配

导师指津

创业者在撰写创业计划书时，要注意以下事项：

1. **概念**：就是让投资人知道你要卖的是什么。

2. **顾客**：顾客的范围要非常明确，比如说认为所有的女性都是顾客，还要具体要详细的年龄阶段。

3. **竞争者**：你的东西是否有人卖过，是否有替代品，竞争者跟你的关系是直接还是间接等。

4. **能力**：要卖的东西自己懂不懂？比如，开餐馆，如果厨师辞职又找不到合适的人，自己会不会炒菜？如果没有这个能力，至少合伙人要会做，再不然也要有鉴赏的能力，不然最好是不要做。

5. **资本**：资本可以是现金，也可以是有形或无形资产。要清楚资本在哪里、有多少，自有的部分有多少，可以借贷的有多少。

6. **持续经营**：当事业做得不错时，将来的发展计划是什么。

十二、众筹：团购+预购的资金募集模式

众筹是指通常在互联网的帮助下，众多个人将他们的资金汇集起来，共同支持他人或其他机构发起的项目或业务。通过众筹平台，创新者、创业者和企业家能够通过社会网络募集资金。

众筹可以从多个层面为创业者提供独特的支持，而其他投资形式，无论是债权投资，还是股权投资，都不能在无须额外成本的情况下提供产品售前、市场调研、口碑宣传及群体智慧方面的好处，众筹模式将是创业者首先想到的创业途径之一。

经典案例

"90后崇尚自由和个性，而校内毫无创意的聚会地点早已经让大家槽点多多"，正是基于这样的想法，华南理工大学的刘永杰和3个小伙伴萌生了开一家

咖啡馆的创业想法，时髦的"众筹"让他们的创业梦成了现实。

通过校内问卷调查确定在校内众筹咖啡厅具有可行性后，创业团队以学生为目标群体开始进行股东招募。众筹股东每股1 000元，每人最少出资1 000元，最多5 000元，享有1股～5股的分红权。

经过一个多月的招募，他们共筹资35万元，有170多位股东，加上核心团队初始资金，启动资金达到70万元。

筹集资金后，通过实地考察，创业团队选定了店铺地址，很快这个充满90后大学生个性想法的"比逗咖啡馆"正式运营。

咖啡馆的每一位股东都有义务宣传咖啡馆，不仅自己来消费，也带朋友来消费。在咖啡馆试营业的一个月内每天都有不错的客流量，日均收入4 000元左右，基本达到收支平衡，正式营业以后有五个营业日其营业额都超过了1万元，随着知名度的打开，咖啡馆的生意也越来越好，其业绩也在不断增长。

导师指津

在互联网金融快速渗透各行各业的背景下，众筹成为创业者获得资金的全新渠道，那么创业者如何通过众筹完成融资呢？

1. 选择合规且契合的众筹平台

随着互联网金融的发展，众筹平台的数量也不断增长，点名时间、天使汇、众筹网、百度众筹、京东众筹等众筹平台其众筹模式各有侧重，创业者在保证众筹平台合规的前提下，要根据自己的项目选择契合的众筹平台，跟随众筹平台获取相关资金、人脉圈和消费群。

2. 制定合理的筹资方案

众筹有购买模式、捐赠模式、奖励模式、投资模式、股权模式和债券模式等多种模式，如果企业平稳发展且有一定收益，适合选择债权众筹；如果公司初创且具有较大的潜力，未来具有较高的成长回报，选择股权众筹更具吸引力。

筹资方案成形后，要对项目发展阶段的资金做出预估，并规划资金的使用方法，以让资金在商业规划中得到最优利用，且让投资人了解自己的投资去向。

3. 建立金融社交圈

社交媒体是人们互相联系互动的重要平台，你的社交媒体上的朋友和粉丝都可能成为投资人，因此要利用好社交媒体上的人脉关系，尽可能地认识更多的社交媒体圈朋友，并与他们建立良好的沟通关系。

4. 及时更新项目进展

在众筹项目运营过程中，为自身项目设计具有吸引力的进展宣传，同时与项目的前期投资人、行业内专家进行沟通，以促进最初接触者的互信，并将第一批参与者转化为项目宣传者，扩大项目的影响力。

通过及时更新项目进展信息，促进项目快速甚至超额完成，同时按时完成阶段性目标也是在增加前期投资人自信，以吸引更多的投资者。

5. 股权众筹要有股权思维

发起股权众筹项目要了解投资人的思维，寻找投资人投资的动机，这就要求项目发起人要有股权思维。

一方面要详细策划项目的价值和收益，以增加投资人的信任；另一方面，股权作为公司的重要资产，发起人要有自我保护意识，要选好让投资人进入和退出的方式。

十三、P2P 网贷：互联网上的信用借贷

P2P 是 Peer to Peer lending 的缩写，是指个人与个人之间通过第三方网络平台进行的小额信用借贷交易，即由 P2P 网贷平台作为中介，借款人在平台上发布借款标，投资者进行竞标向借款人放款的行为。

经典案例

2015 年 P2P 网贷平台风起云涌，截至 2015 年年底，据不完全统计，P2P借贷凭条超过 3 600 家，其中正常运营的有 1 900 多家，较去年年底增长 74%。

2015 年度我国 P2P 借贷行业累计交易规模超过 9 700 亿元，是 2014 年的 3 倍多，行业平均投资利率约为 10.83%，较 2014 年有所下降。

2015 年 P2P 借贷行业参与人数突破千万人次，活跃借款人超过 250 万，投资人超过 700 万。据不完全统计，2015 年 P2P 行业发生的融资事件超过 100 次，融资总额超过 130 亿元。

导师指津

通过 P2P 平台，借款人可以方便地找到自己需要的资金，借款人除了需要支付一定的利息外，还需要向 P2P 平台交付一定的中介费。借款的流程包括以下 4 步：

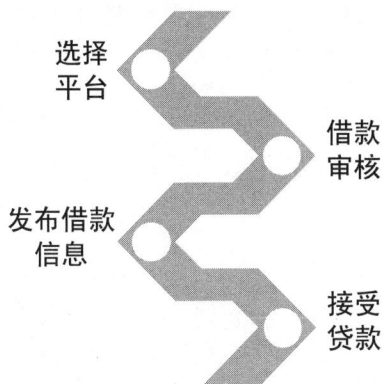

选择平台 → 借款审核 → 发布借款信息 → 接受贷款

1. 选择平台

对于借款方来说，选择一个优质的 P2P 平台可以帮助自己更快、以更低的利率获得贷款。在选择 P2P 平台时，要做到"三看"：

（1）**看网站**：查看 P2P 平台网站是否具有技术开发和金融背景。

（2）**看资金进出模式**：P2P 网贷平台往往存在着跑路的风险，若 P2P 平台引入第三方资金托管，能在很大程度上降低 P2P 资金流转中的风险。

（3）**看是否有本金保障计划**：对于借款人来说，P2P 平台的保障计划需要收取 1%~2% 的保证金，虽然这部分费用需要借款人承担，会提高借款人的成本，但却能有效保障投融资双方的利益。

2. 借款审核

借款人在 P2P 平台发布借款标之前需要经过平台的审核和调查，平台不同具体细节会有所不同，但通常来说包括借款人身份证明、收入证明、住房证明等基本信息，有的会对借款人进行实地考察。

3. 发布借款信息

借款人通过 P2P 平台发布借款信息，包括借贷金额、款项用途、利率和期限等，同时还要公布还款来源。

4. 接受贷款

出借人了解借款人各项信息后根据自身风险承受能力做出贷款决策，借贷双方达成交易后，电子借贷合同成立，P2P 平台向借款人放款。

纳税尽义务，节税显智慧
——诚信纳税

依法诚信纳税是企业信用的最好体现，也是企业最好的市场名片。企业应该把守法经营、依法纳税作为生产经营活动的"生命线"，认真履行纳税义务。

但是税金支出对于企业来说也是一笔不小的支出项目，如何根据国家的相关政策规定在合法的前提下少交一部分税金呢？这就需要企业经营者在纳税中发挥智慧了。

创业导师观点分享： **曹德旺** 福耀玻璃集团董事长

商道是利与义两个字，想赚钱就要承担责任，义也分大义和小义，作为企业家来说，大义就是遵章纳税，诚信经营，善待天下人。赚钱不难，是你的爱好，是你的需要，但是必须在这个前提下面。

一、年报公示：企业信用信息监测器

根据国家工商行政管理总局发布的《注册资本登记制度改革方案》规定，企业应当按照年度在规定的期限内，通过市场主体信用信息公示系统向工商行政管理机关报送年度报告，并向社会公示，任何单位和个人均可查询。

根据国家工商行政总局通知要求，自2014年3月1日起正式停止企业年度检验工作，同时根据《注册资本登记制度改革方案》规定，将企业年度检验制度改为企业年度报告公式制度。

经典案例

2015年1月4日是首个报送和公示2015年企业年报的工作日。工商总局提示，2015年12月31日前设立登记的企业应当通过全国企业信用信息公示系统报送并公示2015年度年报。若企业在2016年6月30日前未依法报送年报，将会被列入经营异常名录。企业在政府采购、工程招投标、国有土地出让、授予荣誉称号等方面将受到限制和相关部门的联合惩戒。

根据《企业信息公示暂行条例》的规定，自2014年10月1日起，2013和2014年年度企业年报公示工作先后在全国实施，这是年报公示制度实施后，全国开展的第一次年报工作。

截止2015年6月30日，全国企业年报公示工作全部结束。2013年年报公示率超过87%，2014年年报公示率在85%以上。

总体来说，企业年度检验制度改为年报公示制度后，新旧制度过渡衔接平稳，年报公示工作取得了预期效果，大多数企业存续状况良好，2013年和2014年两个年度企业年报公示率都高于商事制度改革前2012年全国企业83%的年检率。

导师指津

根据国家工商行政管理总局公布的《企业信息公示暂行条例》规定，自2014

年 10 月 1 日起，企业应当于每年的 1 月 1 日至 6 月 30 日，通过企业信用信息公示系统向工商行政管理部门报送上一年度的年度报告，并向社会公示，当年设立登记的企业，自下一年起报送并公示年度报告。

年度报告的内容包括以下内容：

● 企业通信地址、邮政编码、联系电话、电子邮箱等信息；

● 企业开业、歇业、清算等存续状态信息；

● 企业投资设立企业、购买股权信息；

● 企业为有限责任公司或者股份有限公司的，其股东或者发起人认缴和实缴的出资额、出资时间、出资方式等信息；

● 有限责任公司股东股权转让等股权变更信息；

● 企业网站从事网络经营网店的名称、网址等信息；

● 企业从业人数、资产总额、负债总额、对外提供保证担保、所有者权益合计、营业总收入、主营业务收入、利润总额、净利润、纳税总额信息。

企业应当自下列信息形成之日起 20 个工作日内通过企业信用信息公示系统向社会公示：

● 有限责任公司股东或者股份有限公司发起人认缴和实缴的出资额、出资时间、出资方式等信息；

● 有限责任公司股东股权转让等股权变更信息；

● 行政许可取得、变更、延续信息；

● 知识产权出质登记信息；

● 受到行政处罚的信息；

● 其他依法应当公示的信息。

全国企业信用信息公示系统的网站为 http://gsxt.saic.gov.cn，登录后按照提示操作即可。

二、纳税：你的企业要交哪些税

企业的正常运营，除了经营管理和财务及公司决策方面不能有大的失误外，更应该注意企业的税务问题。

目前我国税收分为流转税、所得税、资源税、财产税、行为税 5 类：

（1）流转税：流转税包括增值税、消费税、营业税、关税、车辆购置税等；

（2）所得税：企业所得税、个人所得税等；

（3）资源税：包括资源税、城镇土地使用税、土地增值税等；

（4）财产税：房产税、城市房地产税等；

（5）行为税：印花税、车船税、城市维护建设税等；

经典案例

计算机专业毕业的张天于 2012 年成立了致远电子系统工程有限公司，主要经营电子系统产品的生产与销售。

作为公司的管理人张天认为缴税是财务部门的事情，外有国家税务部门的税收规定，内有专业的财务人员打理，自己不用管那么多。

因此对于企业纳税来说，张天只知道自己公司的性质是一般纳税人，税率为 17%，而自己公司究竟需要交哪些税种，张天一直是搞不清楚的。其实这也是很多创业新手模糊的地方。

导师指津

企业首先应该根据其经济性质和经营业务来确定需要缴纳的税种和税率。

工业企业应缴纳的税种一般包括：

● 增值税；

● 城建税；

● 企业所得税；

● 房产税；

● 城镇土地使用税；

● 车船使用税；

● 印花税；

● 教育费附加；

● 生产、委托加工烟、酒、化妆品、护肤护发品、贵重首饰及珠宝玉石、鞭炮、烟火、汽油、柴油、汽车轮胎、摩托车、小汽车等商品，要缴纳消费税。有营业税应税行为的，要交纳营业税；

● 开采原油、天然气、煤炭、其他非金属矿、黑色金属矿、有色金属矿、盐等产品，要缴纳资源税；有偿转让国有土地使用权，地上的建筑物及其附着物，还要缴纳土地增值税。

商品流通企业应缴纳的税种一般包括：

● 增值税；

● 城建税（城市维护建设税，属于附加税）；

● 企业所得税；

● 房产税；

● 城镇土地使用税；

● 车船使用税；

● 印花税；

● 教育费附加；

● 有营业税应税行为的，要缴纳营业税；

● 有偿转让国有土地使用权，地上的建筑物及其附着物，还要缴纳土地增值税。

建筑企业应缴纳的税种一般包括：

● 营业税；

● 城建税；

● 企业所得税；

● 房产税；

● 城镇土地使用税；

● 车船使用税；

● 印花税；

● 教育费附加；

- 有偿转让国有土地使用权，地上的建筑物及其附着物，要缴纳土地增值税。

外商投资企业应缴纳的税种一般包括：

- 增值税或营业税；
- 外商投资企业和外国企业所得税；
- 城市房地产税；
- 车船使用牌照税；
- 印花税；
- 生产、委托加工烟、酒、化妆品、护肤护发品、贵重首饰、汽车轮胎、摩托车、小汽车，要缴纳消费税；
- 屠宰加工行业，要缴纳屠宰税；
- 有偿转让国有土地使用权、地上建筑物及其附着物，要缴纳土地增值税。

服务业应缴纳的税种一般包括：

- 营业税；
- 城建税；
- 企业所得税；
- 房产税；
- 城镇土地使用税；
- 车船使用税；
- 印花税；
- 教育费附加；
- 广告企业还应缴纳文化事业建设费；
- 有偿转让国有土地使用权，地上的建筑物及其附着物，要缴纳土地增值税。

三、国税 VS 地税：不同的征税系统征收不同的税种

国税是指由国税局征收的税种，是中央政府收入的固定来源，税收收入归中央所有。

地税是指由国家地方政府征收、管理和支配的一类税收。地税属于地方固定收入，由地方管理和使用。

国税和地税是指国家税务系统和地方税务系统，一般是指税务机关，而不是针对税种而言。国税征收的主要是维护国家权益，实施宏观调控所必需的税种和管护国计民生的主要税种；地税主要负责适合地方征管的税种以增加地方收入。

经典案例

2015 年 12 月 24 日，中办、国办发布《深化国税、地税政管体制改革方案》，我国税收征管体制改革正式拉开大幕。方案明确合理地划分了国税、地税政管职责，并将在纳税服务等环节实施国税、地税深度合作，为纳税人提供高"含金量"的服务。

《方案》坚持便民办税的原则，将更多的着力点放在保障和维护纳税人合法权益，最大限度地便利纳税人办税的方向上。

过去一个企业甚至一个企业的一项业务有可能要同时面对国税、地税的征收，发票管理、纳税申报、税务登记等各个环节都要面对两个税务机关，有的企业甚至还要解决如何向企业所在地、行为发生地和企业注册地的不同国税、地税部分纳税的问题，这样就给企业造成了成本高、效率低的弊端。

《方案》中提出了一系列创新纳税服务举措，要在全国范围内实现国税、地税服务一个标准、政管一个流程、执法一把尺子，使纳税人办税更顺畅。将推出办税便利化一系列"组合拳"，例如，加快推行办税事项同城通办，让纳税人异地办税一样顺利。

导师指津

国税征收的税种包括：

- 增值税;
- 消费税;
- 车辆购置税;

● 铁道部门、各银行总行、各保险总公司集中缴纳的营业税、所得税、城市建设维护税；

● 中央企业缴纳的所得税；

● 中央与地方所属企业、事业单位组成的联营企业、股份制企业缴纳的所得税；

● 地方银行、非银行金融企业缴纳的所得税；

● 海洋石油企业缴纳的所得税、资源税；

● 外商投资企业和外国企业所得税，证券交易税（开征之前为对证券交易征收的印花税）；

● 个人所得税中对储蓄存款利息所得征收的部分。

地税征收的税种包括：

● 营业税、城市维护建设税（不包括上述由国家税务局系统负责征收管理的部分）；

● 地方国有企业、集体企业、私营企业缴纳的所得税、个人所得税（不包括对银行储蓄存款利息所得征收的部分）；

● 资源税；

● 城镇土地使用税；

● 耕地占用税；

● 土地增值税；

● 房产税；

● 城市房地产税；

● 车船使用税；

● 车船使用牌照税；

● 印花税；

● 契税；

● 筵席税；

● 农业税、牧业税及其地方附加。

四、税务登记：税收征收管理的起点

税务登记又称为纳税登记，是指税务机关根据税法规定，对纳税人的生产、经营活动进行登记管理的一项法定制度，也是纳税人依法履行纳税义务的法定手续，是进行税收征收管理的起点。

从事生产、经营的纳税人向税务机关申报办理税务登记后，税务机关会向其颁发税务登记证件，包括税务登记证及其副本、临时税务登记证及其副本。

纳税人在办理某些事项时必须提供税务登记证件，包括开立银行账户，领购发票，申请减税、免税、退税，申请办理延期申报、延期缴纳税款，申请开具外出经营活动税收管理证明，办理停业、歇业等。

经典案例

董亮是某酒店的厨师，2003 年 7 月辞职后就自己创业注册为个体工商户开了一家川菜馆。董亮的川菜味道正宗，且他经营有方，自川菜馆开张后生意一直不错，每天的客人络绎不绝。

2015 年 2 月 1 日，当地税务局找到董亮，告知其自成立个体工商户以来未办理税务登记，已经构成偷税，要求董亮核定补缴自 2003 年 7 月至 2015 年 2 月税款 458 328.36 元，滞纳金 215 362.12 元，并处以不缴纳税款金额 3 倍的罚款 1 002 540 元，合计 1 676 230.52 元。

后经税务机关详细了解情况后，认为董亮虽然未办理税务登记，少缴了税款，但由于未缴税款大部分已经超过了三年的追溯期限，决定不再追缴，最终税务机关认定向董亮追缴税款 11 250.15 元，滞纳金 3 323.73 元，罚款 11 250.15 元，合计 25 824.03 元。

导师指津

纳税人应当自领取工商营业执照之日起 30 日内申报办理税务登记，在申报办理税务登记时，应当根据不同情况向税务机关提供以下证件和资料：

- 工商营业执照或其他核准执业证件；

- 有关合同、章程、协议书；

- 组织机构统一代码证书；

- 法定代表人或负责人或业主的居民身份证、护照或者其他合法证件。

纳税人在申报办理税务登记时应如实填写税务登记表，包括以下内容：

- 单位名称、法定代表人或者业主姓名及其居民身份证、护照或者其他合法证件的号码；

- 住所、经营地点；

- 登记类型；

- 核算方式；

- 生产经营方式；

- 生产经营范围；

- 注册资金（资本）、投资总额；

- 生产经营期限；

- 财务负责人、联系电话；

- 国家税务总局确定的其他有关事项。

申报开业税务登记的基本流程如下：

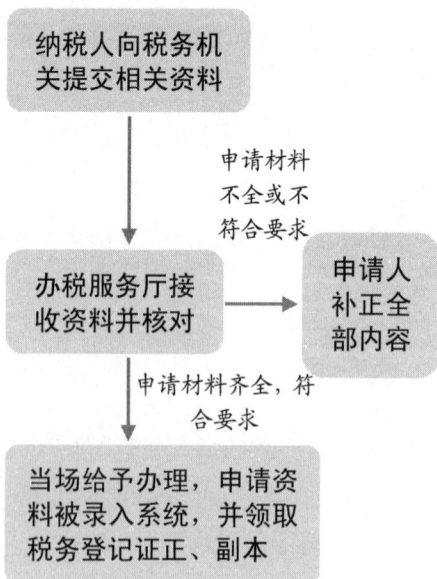

```
┌─────────────────┐
│ 纳税人向税务机   │
│ 关提交相关资料   │
└─────────────────┘
        │
        │          申请材料
        │          不全或不
        │          符合要求
        ↓                        ┌──────────┐
┌─────────────────┐              │ 申请人   │
│ 办税服务厅接     │─────────────→│ 补正全   │
│ 收资料并核对     │              │ 部内容   │
└─────────────────┘              └──────────┘
        │
        │     申请材料齐全，符
        │     合要求
        ↓
┌─────────────────┐
│ 当场给予办理，申请资 │
│ 料被录入系统，并领取 │
│ 税务登记证正、副本   │
└─────────────────┘
```

五、一般纳税人 VS 小规模纳税人：判断标准各不同

一般纳税人是指年应征增值税销售额（包括一个公历年度内的全部应税销售额）超过财政部规定的小规模纳税人标准的企业和企业性单位。

一般纳税人的特点是增值税进项税额可以抵扣销项税额。

小规模纳税人是指年销售额在规定标准以下，并且没有健全的会计核算，不能按照规定报送有关税务资料的增值税纳税人。

年应税销售额或应税服务年销售额未超过增值税小规模纳税人标准及新开业的增值税纳税人，可以向主管税务机关申请增值税一般纳税人资格登记。

经典案例

张超大学毕业后自己创业，成立了华联实业股份有限公司，专门从事汽车零、配件生产和销售。经过几年的发展，公司的规模不断扩大，每年销售额超过 300 万元。

张超想要继续扩大规模，此时他遇到了一个问题，就是增值税纳税人身份选择。自己是否需要办理一般纳税人资格登记呢？随后他咨询了税务部门，税务部门向他介绍了一般纳税人和小规模纳税人的认定标准。

导师指津

1. 增值税一般纳税人标准：

具备以下条件之一的企业，可以申请认定为增值税一般纳税人：

（1）开业满一年的企业，应满足以下条件：

● 工业企业年应税销售额超过 50 万元;

● 商业企业年应税销售额超过 80 万元。

（2）新办企业自开办之日起一个月内，经税务机关测算预计年应税销售额超过小规模企业标准，可暂认定为一般纳税人，暂认定期最长为一年（自批准之月起满 12 个月计算）。

（3）企业总分值机构不在同一县（市）且实行统一核算，如总机构已是增值税一般纳税人，分支结构也可以申办一般纳税人。

以下几种纳税人不能申请一般纳税人资格认定：

- 个体工商户以外的其他个人；
- 选择按照小规模纳税人纳税的非企业性单位；
- 选择按照小规模纳税人纳税的不经常发生应税行为的企业。

2. 小规模纳税人的标准

根据《中华人民共和国增值税暂行条例实施细则》规定，小规模纳税人的标准为：

从事货物生产或者提供应税劳务的纳税人，以及以从事货物生产或者提供应税劳务为主，并兼营货物批发或者零售的纳税人：年应征增值税销售额（以下简称应税销售额）在50万元以下（含本数）；

批发或零售货物的纳税人：年应税销售额在80万元以下（含80万元）；

提供应税服务的纳税人：年应税销售额在500万元以下（含500万元）。

六、增值税：价款与税额分开的价外税

增值税是将商品（包括应交税的劳务）在流转过程中产生的增值额作为计税依据而征收的一种流转税。在我国境内销售货物或者提供加工、修理修配劳务及进口货物的单位和个人是增值税的纳税人。

从计税原理上看，增指数是对商品生产、流通、劳务服务中多个环节的新增价值或商品的附加值征收的一种流转税，有增值才征税，没增值不征税。

增值税属于一种价外税，即税款独立于征税对象的价格之外。增值税具有明显的转嫁性，在产品生产销售的链条上，增值税逐环节转嫁，并由最终消费者承担。

经典案例

2015 年 12 月 21 日，中央经济工作会议闭幕，降低企业负担被列为 2016 年经济工作五大重点任务。

在降低成本方面，中央经济工作会议提出了要研究降低制造业增值税税率的问题，这个提法可以从以下 2 个方面来理解：

1. 制造业税负偏重

目前我国增值税税率最高达 17%，而这一税率的征收范围涵盖增值税暂行条例和实施细则规定的销售货物、加工和修理修配劳务领域。

基本上而言，制造业的增值税税率就是 17%，而这些行业的进项税率分别为 11%、6%、3% 等，这就造成制造企业实际承担的税负较重的现象。

2. 税负偏重影响制造业发展

较重的税负对制造业的发展造成不利影响，且也不利于消化产能过剩，价格降低促进消费。此外，制造企业税负偏重，也不利于企业扩大生产，对制造行业的发展造成消极的影响。

通过降低制造业增值税税率，节省流转环节的征税额，企业现金流将会减少，这样更有利于企业积累资金和扩大发展。

导师指津

1. 增值税的税率

纳税人销售或进口以下货物，税率为 13%：

- 粮食、食用植物油；
- 自来水、暖气、冷气、热水、煤气、石油液化气、天然气、沼气、居民用煤炭制品；
- 图书、报纸、杂志；
- 饲料、化肥、农药、农机、农膜；
- 国务院规定的其他货物。

以下货物或服务税率为 17%：

- 纳税人销售或进口以上列举之外的货物；

- 提供加工、修理修配劳务。

小规模纳税人增值税征收率为 3%；纳税人出口货物税率为零，国务院另有规定的除外。

以下项目免征增值税：

- 农业生产者销售的自产农产品；

- 避孕药品和用具；

- 古旧图书；

- 直接用于科学研究、科学试验和教学的进口仪器、设备；

- 外国政府、国际组织无偿援助的进口物资和设备；

- 由残疾人的组织直接进口供残疾人专用的物品；

- 销售自己使用过的物品。

2．应纳税额计算公式

纳税人销售货物或提供应税劳务，应纳税额计算公式为：

应纳税额＝当期销项税额－当期进项税额

纳税人进口货物，应纳税额计算公式为：

应纳税额＝组成计税价格×税率

组成计税价格＝关税完税价格＋关税＋消费税

小规模纳税人应纳税额计算公式为：

应纳税额＝销售额×征收率

3．增值税的申报

小规模纳税人申报必须提交《增值税纳税申报表（小规模纳税人适用）》及附表各 3 份，其申报流程如下：

```
                          ┌──────────────┐
                          │    纳税人     │
                          └──────────────┘
                    上门申报  │        │  互联网申报
            ┌───────────────┘        └───────────────┐
            ▼                                        ▼
   ┌──────────────┐                        ┌──────────────┐
   │ 向办税服务厅   │                        │ 向办税服务厅   │
   │ 提交纸质资料   │                        │ 提交资料       │
   └──────────────┘                        └──────────────┘
            │                                        │
            ▼                                        ▼
   ┌────────┐   否  ┌──────────┐  否  ┌────────┐
   │ 资料    │─────▶│ 补正、修  │◀────│ 资料    │
   │ 审核    │      │ 改资料    │      │ 审核    │
   └────────┘      └──────────┘      └────────┘
        │是                                   │
        ▼                                     │
   ┌────────┐                                │
   │ 受理    │                                │
   │ 申报    │                                │
   └────────┘                                │是
        │                                     │
        ▼                                     │
   ┌──────────────────┐                      │
   │ 缴纳税款，开具完税  │                      │
   │ 凭证              │                      │
   └──────────────────┘                      │
        │                                     │
        ▼                                     │
   ┌──────────────┐◀──────────────────────────┘
   │ 申报表盖章     │
   └──────────────┘
```

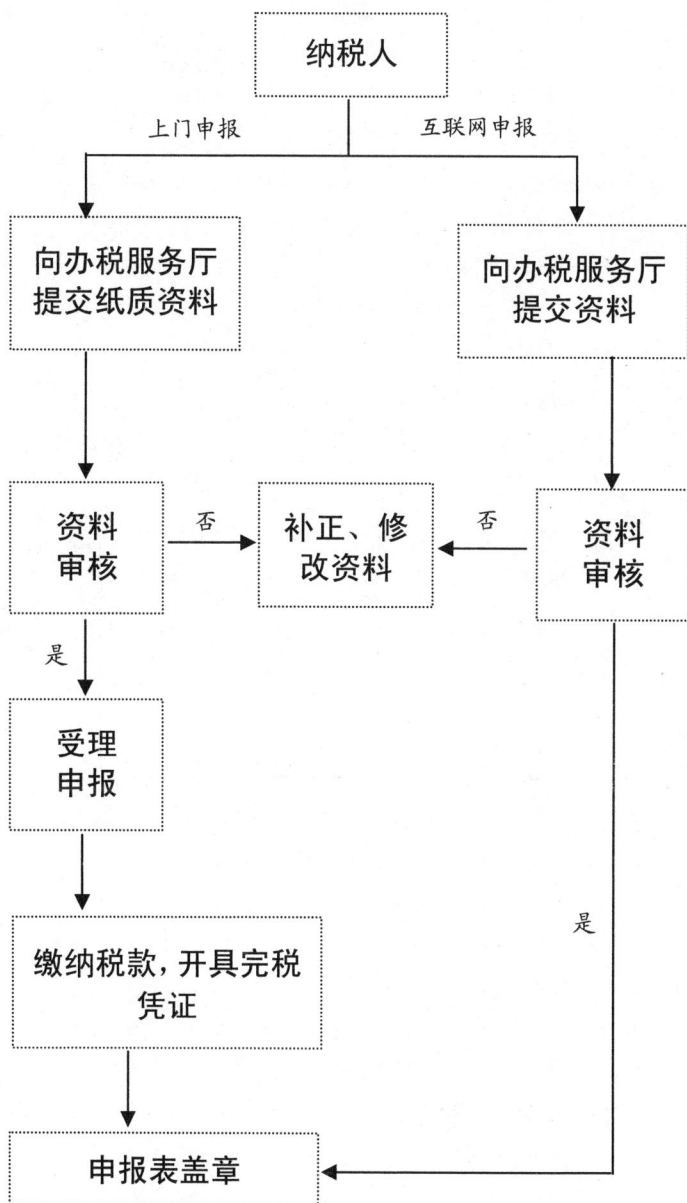

　　一般纳税人申报必须提交《增值税纳税申报表（一般纳税人适用）》及附列资料各 3 份，其申报流程如下：

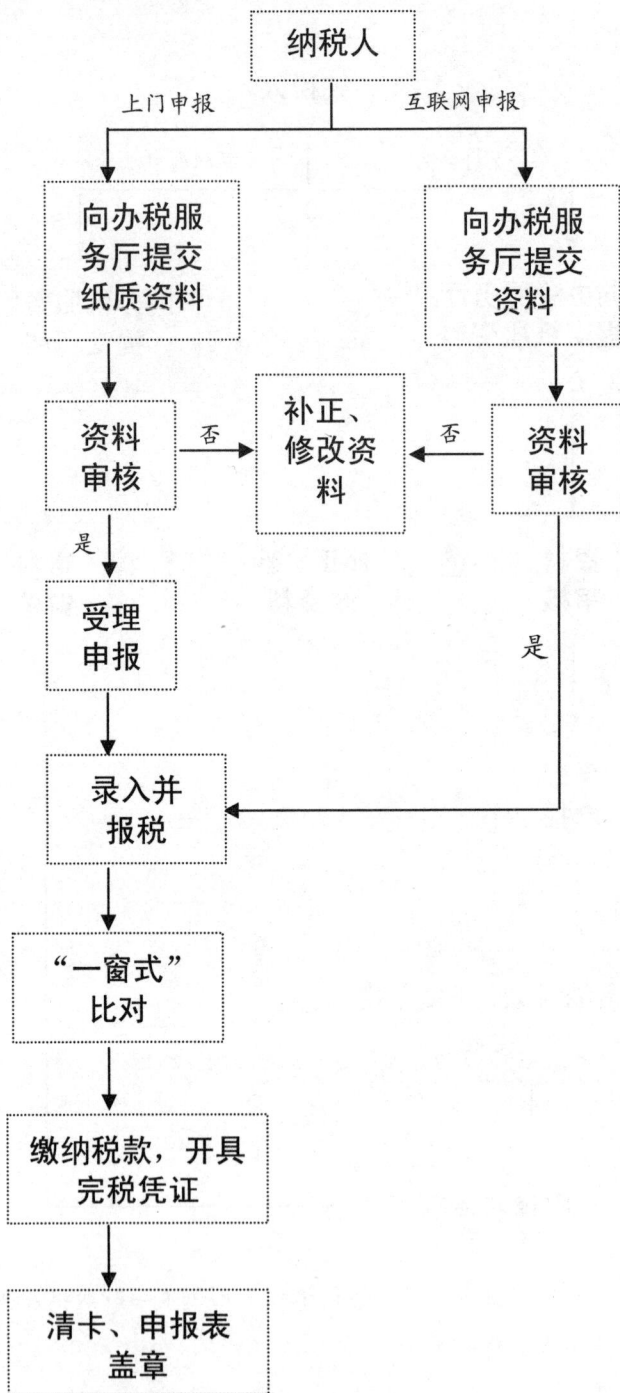

```
                        ┌──────────┐
                        │  纳税人   │
                        └────┬─────┘
           上门申报          │          互联网申报
        ┌───────────────────┴───────────────────┐
        ▼                                         ▼
┌──────────────┐                          ┌──────────────┐
│  向办税服     │                          │  向办税服     │
│  务厅提交     │                          │  务厅提交     │
│  纸质资料     │                          │   资料        │
└──────┬───────┘                          └──────┬───────┘
       ▼                                          ▼
┌──────────┐   否   ┌──────────┐   否    ┌──────────┐
│  资料     │──────▶│  补正、   │◀───────│  资料     │
│  审核     │       │  修改资   │        │  审核     │
└────┬─────┘       │   料      │        └────┬─────┘
     │ 是          └──────────┘              │
     ▼                                       │
┌──────────┐                                 │
│  受理     │                                 │ 是
│  申报     │                                 │
└────┬─────┘                                 │
     ▼                                        │
┌──────────┐                                 │
│  录入并   │◀────────────────────────────────┘
│  报税     │
└────┬─────┘
     ▼
┌──────────┐
│ "一窗式"  │
│   比对    │
└────┬─────┘
     ▼
┌──────────────┐
│  缴纳税款，开具 │
│   完税凭证     │
└──────┬───────┘
       ▼
┌──────────────┐
│  清卡、申报表  │
│    盖章        │
└──────────────┘
```

七、营业税：有营业收入就要交税

营业税属于流转税制中的一个主要税种，是按照经营所取得营业额征收的一种税，征税对象为在我国境内提供应税劳务、转让无形资产或销售不动产的单位和个人。

2011年11月17日，财政部、国家税务总局正式公布营业税改正增值税试点方案，减少重复纳税，降低企业税负。

经典案例

2015年7月31日，A建筑公司上半年的营业税纳税情况如下：

（1）公司出售厂房一幢，收入500 000元，已计入账；未计提营业税（营业税税率5%）。

（2）公司承揽一项装饰工程，合同规定公司对该工程包工包料，收入装修费90 000元，用料费收入为100 000元；工程收入190 000元已入账。该公司按装修费计提了营业税90000×3%＝2700元（营业税税率为3%），并在7月3日向税务部门申报缴纳税款。

但是税务机关发现A公司少计了税款，总共少缴28 000元税款，并向该公司解释其计税收入的计算存在失误：

该公司出售的厂房未计提营业税，导致少交500 000×5%＝25 000元；

该公司从事建筑、修缮、装饰工程作业，无论对方如何结算，其营业额均应包括工程所用原材料及其他物资和动力的价款在内。

因此，该公司应按照装修费收入与用料收入之和计提营业税，即应纳营业税（90 000＋100 000）×3%＝5 700元，因错误处理少缴了5 700－2 700＝3 000元。

因此，A公司总共少缴营业税25 000＋3 000＝28 000元。

A公司认真核对后发现自身在计税收入上确实存在错误，立即在规定的时间内补缴了少缴税款避免了因此受罚。

导师指津

1. 营业税的税率

税目	税率
交通运输业、建筑业、邮电通信业、文化体育业	3%
金融保险业、服务业、转让无形资产、销售不动产	5%
娱乐业	5%~20%

2. 营业税的起征点及计算公式

营业税起征点的适用范围限于个人，其幅度如下：

● 按期纳税的，为月营业额 1 000~5 000 元；

● 按次纳税的，为每次（日）营业额 100 元。

营业税的计算公式为：

应纳税额 = 营业额 × 税率

3. 营业额的计算

营业额是指纳税人提供应税劳务、转让无形资产或销售不动产收取的全部价款和价外费用，但是下列情形除外：

纳税人将承揽的运输业务分给其他单位或者个人的：

营业额 = 取得的全部价款 + 价外费用 − 支付给其他单位或个人的运输费用

纳税人从事旅游业务：

营业额 = 取得全部价款 + 价外费用 − 支付的住宿费、餐费、交通费、旅游景点门票 − 支付给其他接团旅游企业的旅游费

纳税人将建筑工程分包给其他单位的：

营业额 = 取得的全部价款 + 价外费用 − 支付给其他单位的分包款

外汇、有价证券、期货等金融商品买卖业务：

营业额 = 卖出价 − 买入价

4．营业税的申报

申报营业税必须提供相关资料，服务业、建筑业、娱乐业营业税纳税人：

《营业税纳税申报表》及附表各 3 份（经税务机关核准采取简易申报方式的除外）

金融保险业营业税纳税人：

《金融保险业营业税纳税申报表》及附表各 3 份。

文化体育业、转让无形资产和销售不动产的营业税纳税人：

应报送相应纳税申报表 3 份

适用营业税差额征收的纳税人：

应报送省级以上税务机关规定的相关资料。

使用税控收款机的纳税人应报送税控收款机用户卡等存储开票信息的存储介质，也可以点对点或网络传输开票信息。

享受营业税减免税优惠政策的纳税人填写《营业税减免税明细申报表》

营业税的申报流程可以直接参考前文介绍的增值税小规模纳税人申报流程。

八、企业所得税：企业向国家支付的"管理费用"

企业所得税是指对我国境内的一切企业在一段时间内取得的经营管理所得和其他所得为征收对象的一种税。从经济学的理论来说，企业所得税是企业为获得公共产品而向国家支付的"管理费用"。

企业所得税的纳税人是所有实行独立经济核算在我国境内的内资企业或其他组织，包括国有企业、集体企业、私营企业、联营企业、股份制企业及有生产经营所得和其他所得的其他组织。

企业所得税的征税对象包括销售货物所得、提供劳务所得、转让财产所得、股息红利所得、利息所得、租金所得、特权使用费所得、接受捐赠所得和其他所得。

个人独资企业、合伙企业不是企业所得税的纳税人，这两类企业征缴个人所得税。

经典案例

昌盛公司（一般纳税人，增值税税率为 17%）2015 年度有关经营情况为：

（1）实现产品销售收入 1 600 万元，取得国债利息收入 24 万元；

（2）产品销售成本 1 200 万元；产品销售费用 45 万元；上缴增值税 58 万元，消费税 85 万元，城市维护建设税 10.01 万元，教育费附加 4.29 万元；

（3）2 月 1 日向银行借款 50 万元用于生产经营，借期半年，银行贷款年利率 6%，支付利息 1.5 万元；

（4）3 月 1 日向非金融机构借款 60 万元用于生产经营，借期 8 个月，支付利息 4 万元；

（5）管理费用 137 万元（其中业务招待费用 12 万元）；

（6）全年购机器设备 5 台，共计支付金额 24 万元；改建厂房支付金额 100 万元；

（7）意外事故损失材料实际成本为 8 万元，获得保险公司赔款 3 万元。

则昌盛公司 2015 年应缴纳的企业所得税为 28.31 万元，计算方法如下：

（1）国债利息收入 24 万元免交所得税。

（2）向非金融机构借款利息支出，应按照不高于同期同类银行贷款利率计算数额以内的部分准予在税前扣除，准予扣除的利息 = 60 × 6% × 8 ÷ 12 = 2.4（万元）。

（3）业务招待费税前扣除限额：1600 × 5‰ = 8 万元，12 × 60% = 7.2 万元，允许扣除 7.2 万元。

（4）购机器设备、改建厂房属于资本性支出，不得在税前扣除。

（5）意外事故损失材料其进项税额应转出，并作为财产损失。财产净损失 = 8 ×（1 + 17%）- 3 = 6.36（万元）。

（6）应纳税所得额 = 1600 - 1200 - 45 - 85 - 10.01 - 4.29 - 1.5 - 2.4 -（137 - 12）- 7.2 - 6.36 = 113.24（万元）

（7）应纳所得税额 = 113.24 × 25% = 28.31（万元）

导师指津

1. 企业所得税的税率

企业所得税的税率为 25%；符合条件的小型微利企业税率为 20%；国家需要重点扶持的高新技术企业税率为 15%。

2. 企业所得税的计算

企业所得税的计算公式为：

应纳税额 = 应纳税所得额 × 适用税率

应纳税所得额 = 纳税年度收入总额 − 不征税收入 − 免税收入 − 各项扣除 − 允许弥补以前年度的亏损

其中，免税收入包括以下几项：

● 国债利息收入；

● 符合条件的居民企业之间的股息、红利等权益性投资收益；

● 在中国境内设立机构、场所的非居民企业从居民企业取得与该机构、场所有实际联系的股息、红利等权益性投资收益；

● 符合条件的非营利组织的收入。

3. 企业所得税的申报

企业所得税分月或者分季预缴：

● 企业应当自月份或者季度终了之日起 15 日内，向税务机关报送预缴企业所得税纳税申报表，预缴税款。

● 企业应当自年度终了之日起 5 个月内，向税务机关报送年度企业所得税纳税申报表，并汇算清缴，结清应缴应退税款。

企业在报送企业所得税纳税申报表时，应当按照规定附送财务会计报告和其他有关资料，具体的申报流程可参考前文介绍的增值税小规模纳税人申报流程。

九、消费税：税目、税率及计税方法

消费税是对在我国境内从事生产、委托、加工和进口应税消费品的单位和个人，就其应税消费品的销售额、销售数量征收的一种流转税。

消费税属于价内税，税负具有转嫁性，其纳税环节具有单一性，即只在一个环节征收。

经典案例

某香酒厂 2015 年 10 月份销售业务如下：

（1）销售粮食白酒取得不含增值税销售额 5.8 万元，代垫运费 400 元，运输部门将发票开给购货方，同时，向购货方收取手续费 0.1 万元，储备费 0.5 万元。

（2）销售黄酒 1 924 升，销售额 0.6 万元。

根据税法规定：

（1）白酒实行从价定率的方法计征消费税，其计税依据为应税销售额，包括全部价款及价外费用，但不包括代垫运费。价外费用视为含增值税收入，计入销售额时，应该首先换算为不含增值税的收入，换算公式为：

不含增值税收入 = 含增值税收入/[1 + 增值税税率（或征收率）]

因此该酒厂销售粮食白酒的计税依据为：

5.8+0.1/（1+17%）+0.5/（1+17%）=6.31 万元

（2）黄酒实行从量定额的方法计征消费税，其计税依据为销售数量。因此，该酒厂销售黄酒的计税依据为：1924/962=2 吨。

导师指津

1. 消费税的税目

消费税的税目共有 14 个：

● 烟；

● 酒及酒精；

- 化妆品；
- 贵重首饰及珠宝玉石；
- 鞭炮、焰火；
- 成品油；
- 汽车轮胎；
- 摩托车；
- 小汽车；
- 高尔夫球及球具；
- 高档手表；
- 游艇；
- 木制一次性筷子；
- 实木地板。

2. 纳税环节

纳税人生产的应税消费品，于消费时根据其销售方式确定纳税。

纳税人自产自用应税消费品，在已送使用环节中纳税。

委托加工的应税消费品，除受拖方为个人外，于受拖方向委托方交货时代收代缴税款。

纳税人进口应税消费税，在报关进口环节由海关代征。

金银首饰、钻石及钻石饰品，在零售环节中纳税。

3. 税率

消费税的税率分为比例税率、定额税率、比例和定额相结合的符合税率三种类型：

- 比例税率：3%~56%；
- 定额税率：适用于啤酒、黄酒、成品油；
- 比例与定额相结合的符合税率：适用于卷烟、白酒。

4. 应纳税额计算公式

消费税应纳税额的计算分为以下 3 种形式：

- 从价定率：*应纳税额 = 销售额 × 比例税率*；

- 从量定额（啤酒、黄酒、成品油）：*应纳税额 = 销售数量 × 单位税额*；

- 复合计税（卷烟、白酒）：*应纳税额 = 销售额 × 比例税率 + 销售数量 × 单位税额*。

5. 申报期限

消费税的纳税期限分别为 1 日、3 日、5 日、10 日、15 日、1 个月或 1 个季度。

纳税人以 1 个月或者 1 个季度为一个纳税期的，自期满之日起 15 日内申报纳税；以 1 日、3 日、5 日、10 日或 15 日为一个纳税期的，自期满之日起 5 日内预缴税款，于次月 1～15 日内申报纳税并结清上月应纳税款。

纳税人进口应税消费品，应自海关填发海关进口消费税专用缴款书之日起 15 日内缴纳税款。

十、省钱：用智慧为企业省钱

合理避税是指在国家法律允许的情况下，以合法的手段和方式来实现纳税人减少缴纳税款的行为。

在法律允许的情况下，关键是纳税人在税法许可的范围内避税，通过不违法的手段合理安排经营活动和财务活动，在不违反税法条文的前提下达到减轻税收负担的目的。

企业可以通过各种方法、途径和手段避开国内纳税义务，比较实用的方法有以下 5 个：

1.换成"洋"企业

我国对外商投资企业有税收优惠政策，因此将企业从内资企业过度为中外合资、合作经营企业等经营模式，可以帮助获取更多减税、免税或缓税的优惠。

2.选择"绿洲"

通常来说，经济特区、沿海经济开放区、经济特区和经济技术开发区所在城市及国家认定的高新技术产业区、保税区设立的生产、经营、服务型企业和从事高新技术开发的企业都可以享受税收优惠政策。因此，企业可以将投资和生产经营地点选在这些地方。

3.从事"特殊"行业

某些行业可免缴营业税，如托儿所、幼儿园、养老院、残疾人福利机构，，提供殡葬服务、婚姻介绍服务，医院、诊所和其他医疗机构提供的医疗服务。

安置"四残人员"占企业生产人员 35%以上的民政福利企业，其经营业务属于营业税"服务业"税目范围内的也免缴营业税。

4.合理提高职工福利

在生产经营过程中，可以考虑在不超过计税工资的范畴内适当提高员工的工资，为员工办理医疗保险，建立职工养老基金、失业保险基金和职工教育基金等统筹基金，进行企业财产保险和运输保险等。

这些费用可以在成本中列支，同时也能够帮助私营业主调动员工积极性，减少税负，降低经营风险和福利负担。企业能以较低的成本支出赢得良好的综合效益。

5.从销售下手

选择不同的销售结算方式，推迟收入确认的时间。企业应当根据自己的实际情况，尽可能地延迟收入确认的时间。由于货币的时间价值，延迟纳税会给企业带来意想不到的节税效果。

十一、税收优惠政策：看国家如何为你省钱

税收优惠政策是指税法对某些纳税人和征税对象给予鼓励和照顾的一种特殊规定。例如，免除其应缴的全部或部分税款，或者按照其缴纳税款的一定比例给予一定返还等，从而减轻其税收负担。

税收优惠政策是国家利用税收调节经济的具体手段，国家通过税收优惠政策可以扶持某些特殊地区、产业、企业和产品的发展，促进产业结构的调整和社会经济的协调发展。

经典案例

郭峰是一名 80 后，毕业于广州广播大学，2014 年他创办了广州亮奇商贸有限公司，主营汽车配件批发贸易。

公司成立之后，郭峰兢兢业业，虽然也经过一段艰难的时期，但是在国家对大学生创业的支持及国家税收优惠政策的扶持下，在不到一年的时间里郭峰的企业就站稳了脚跟。公司从刚成立时的 3 名成员发展至今，已有企业员工 10 人，今年销售额达到了 250 万元。

2014 年亮奇公司减免企业所得税 370 元，2015 年第一季度亮奇公司在季度预缴时又减免企业所得税 216 元。看着企业规模的日益壮大，郭峰感慨地说："感谢国家的优惠扶持政策，帮助我们这些创业菜鸟顺利度过了艰辛的创业初期，能有机会实现人生的华丽转身！"

导师指津

为了引导和促进小微企业的发展，国家出台了一系列税收优惠政策，主要包括以下 3 点：

企业所得税
优惠政策

增值税、营业
税优惠政策

政府性优惠
基金

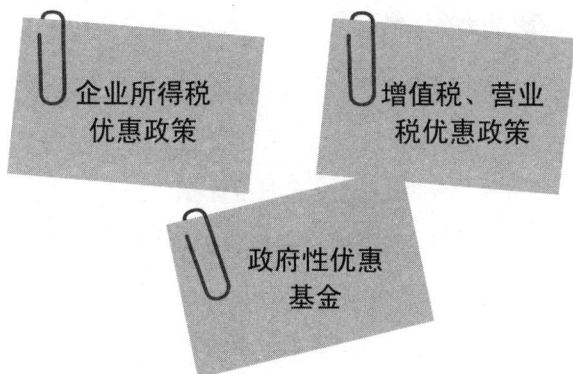

1. 企业所得税优惠政策

《中华人民共和国企业所得税法》规定，符合条件的小型微利企业年应纳税所得额在 30 万元以下的，减按照 20% 的税率征收企业所得税；其中自 2015 年 1 月 1 日至 2017 年 12 月 31 日，对年应纳税所得额低于 20 万元（含 20 万元）的小型微利企业，其所得减按照 50% 计入应纳税所得额，按照 20% 的税率缴纳企业所得税。

（1）采取查账征收的小型微利企业，上一纳税年度应纳税所得额低于 10 万元（含 10 万元）的，如果本年度采取按照实际利润额预缴税款，其预缴时累计实际利润额不超过 10 万元的，可以按照小型微利企业优惠政策预缴税款；超过 10 万元的，应停止享受其中的减半征税政策。

对于按照上年度应纳所得额的季度（月度）平均额预缴企业所得税的，预缴时可以享受小型微利企业优惠政策。

（2）采取定率征收的小型微利企业，上一纳税年度应纳税所得额低于 10 万元（含 10 万元）的，其预缴时累计实际利润额不超过 10 万元的，可以按照小型微利企业优惠预缴税款；超过 10 万元的，不享受其中的减半征税政策。

（3）对于新办小型微利企业，预缴时累计实际利润额或应纳税所得额不超过 10 万元的，可以按照减半征税政策预缴税款；超过 10 万元的，应停止享受其中的减半征税政策。

2．增值税、营业税优惠政策

（1）月销售额或营业额不超过 3 万元（含 3 万元）的免征增值税或营业税。其中以 1 个季度为纳税期限的增值税小规模纳税人和营业税纳税人，季度销售额或营业额不超过 9 万元的免征增值税或营业税；

（2）增值税小规模纳税人兼营营业税应税项目的，应当分别核算增值税应税项目的销售额和营业税应税项目的营业额，月销售额不超过 3 万元（按季纳税 9 万元）的，免征增值税；月营业额不超过 3 万元（按季纳税 9 万元）的，免征营业税；

（3）增值税小规模纳税人月销售额不超过 3 万元（按季纳税 9 万元）的，当期因代开增值税专用发票（含货物运输业增值税专用发票）已经缴纳的税款，在专用发票全部联次追回或者按照规定开具红字专用发票后，可以向主管税务机关申请退还。

3．政府性优惠基金

（1）自 2015 年 1 月 1 日起至 2017 年 12 月 31 日，对按照月纳税的月销售额或营业额不超过 3 万元（含 3 万元），以及按照季纳税的季度销售额或营业额不超过 9 万元（含 9 万元）的缴纳义务人，免征教育费附加、地方教育附加、水利建设基金、文化事业建设费；

（2）自工商登记注册之日起 3 年内，对安排残疾人就业未达到规定比例、在职职工总数 20 人以下（含 20 人）的小微企业，免征残疾人就业保障金。

十二、纳税筹划：方法决定税负

纳税筹划是指在国家税收法规、政策允许的范围内，通过对经营、投资、理财活动进行前期筹划，尽可能地减轻税收负担，以实现企业效益最大化的行为。

纳税筹划的实质是依法合理纳税，并最大限度地降低纳税风险，尽可能地减少应缴税款的一种合法经济行为。

经典案例

1. 选择筹资方式纳税筹划

某漆料生产厂利用10年的时间完成自我积累资金1 000万元，拟用这笔资金购进新设备，投资收益期为10年，年均盈利200万元，该漆料生产厂试用33%的企业所得税税率。

则该厂盈利后每年应缴纳所得税额为：$200 \times 33\% = 66$ 万元。

10年应纳所得税额为 $66 \times 10 = 660$ 万元。

纳税筹划：

该厂不使用自我积累的资金，而是采用贷款的方式融资，从银行取得1 000万元的贷款，年息支付15万元；企业年均盈利仍为200万元，则企业每年应纳所得税额为（$200 - 15$）$\times 33\% = 61.05$ 万元。

实际税负为 $61.05 \div 200 \times 100\% = 30.5\%$

10年应纳所得税总额为 $61.50 \times 10 = 610.5$ 万元。

2. 价格转移、选择低税率地区进行投资纳税筹划

甲公司生产销售一批产品给乙公司，甲公司所在地的所得税税率为25%，甲公司2015年产品销售收入为1 000万元，成本为800万元。不考虑其他因素，甲公司需要缴纳企业所得税50万元（$200 \times 25\%$）。

纳税筹划思路如下：

甲公司在所得税税率为18%的经济特区设有子公司丙，然后将产品以850万元的价格销售给丙，丙再以1 000万元销售给乙，甲、乙整体纳税如下：

（$850 - 800$）$\times 25\% +$（$1000-850$）$\times 18\% = 39.5$，最终减少所得税收10.5万元（$50 - 39.5$）。

导师指津

企业纳税筹划主要有以下3种形式：

税率式纳
税筹划

税额式
纳税筹划

税基式
纳税筹划

1. 税额式纳税筹划

税额式纳税筹划主要是指利用税法规定的减税、免税优惠政策实现减少应纳税额的目的。

该方法一般不需要经过太复杂的计算，但需要对有关的税收减免政策有比较熟悉的了解。

2. 税基式纳税筹划

减少税基是降低税负的重要思路，对于流转税来说，销售额或营业额是税基，降低税基难以操作，因此税基式纳税筹划主要表现在所得税方面。

由于收入总额降低的弹性较小，纳税筹划降低税基的方法一般是在遵守各项会计制度的前提下，增加成本支出或费用均摊。

常见的筹划方式有选择筹资方式、费用摊销、存货计价、折旧计算和资产租赁。

3. 税率式纳税筹划

税率式纳税筹划是指利用国家税法制定的高低不同的税率，通过制订合理的纳税计划来减少纳税的方法。常用的方法有价格转移、选择低税率行业和选择低税率地区进行投资。

十三、延期申报：税款也可以延期缴

《中华人名共和国税收征收管理法》规定：纳税人因有特殊困难，不能按期缴纳税款的，经省、自治区、直辖市国家税务局、地方税务局批准，可以延期缴纳税款，但是最长不得超过 3 个月。

特殊困难是指以下两种情况：

因不可抗力，导致纳税人发生较大损失，正常生产经营活动受到较大影响的；

当期货币资金在扣除应付职工工资、社会保险费后，不足以缴纳税款的。

经典案例

龙浩服饰有限公司是一家主营服装设计、生产与销售的民营企业。2015 年 3 月 8 日由于操作不当，该公司发生了火灾，损失惨重，致使企业运营资金紧张。

3 月 12 日，企业主管税务机关催促企业进行纳税申报，接电话的是办公室的小吴。小吴因陪同陈经理处理在灾后事务忘记告诉企业财务主管小赵进行纳税申报。

3 月 15 日，陈经理通过电话告知税务机关企业因发生火灾，资金周转不灵，希望能延期纳税的情况。但是当天公司还是收到了税务机关送达的《缴纳税款通知书》。

3 月 18 日，税务机关向该公司送达了《行政处罚事项告知书》，告知公司迅速缴纳税款及罚款 1.5 万元。陈经理再次通过电话向税务机关说明公司现在的处境，希望能延期纳税。

3 月 28 日，税务机关以逃避追缴欠税罪起诉龙浩服饰有限公司。人民法院经连并成立经济法庭进行审理，认为税务机关所诉罪状不成立，不予追究刑事责任，并告知企业今后再遇到经济困难需要延期申报和延期纳税时应经过法定程序。

导师指津

《中华人民共和国税收征收管理法实施细则》规定：纳税人需要延期缴纳税款的，应当在缴纳税款期限届满前提出申请，并报送下列材料：

● 申请延期缴纳税款报告；

● 当期货币资金余额情况及所有银行存款账户的对账单；

● 资产负债表；

● 应付职工工资和社会保险费等税务机关要求提供的支出预算。

需要延期纳税申报的，应当在规定的期限内向税务机关提交《延期申报申请核准表》，书面申请延期申报，经税务机关核准，在核准的期限内办理。

经核准的延期纳税申报，应当在纳税期内按照上期实际缴纳的税额或者税务机关核定的税额预缴税款，并在核准的延期内办理税款结算。

十四、税务行政处罚：违法税法的代价

税务行政处罚是指税务机关依照税收法律、法规的有关规定，依法对纳税人、扣缴义务人、纳税担保人及其他与税务行政处罚有直接利害关系的当事人（以下简称当事人）违反税收法律、法规、规章的规定进行处罚的具体行政行为。

各类罚款及税收法律、法规、规章规定的其他行政处罚，都属于税务行政处罚的范围。

纳税人伪造、变造、隐匿、擅自销毁账簿、记账凭证，或者在账簿上多列支出或不列、少列收入，或经税务机关通知申报而拒不申报或进行虚假的纳税申报，不缴或者少缴应纳税款的属于偷税行为。

经典案例

沈阳庞大水泥有限公司是一家私营有限责任公司，主营水泥及其制品。该企业为增值税一般纳税人。

经税务机关查实，该企业利用购货方是本地区不索要发票的混凝土生产企业和个人，采取设置"账外账"等手段，将这部分收入不向税务机关进行申报纳税。2013~2014年间，共在账簿上不列或少列销售收入 7 617 万元，造成少缴纳增值税 431 万元，少缴纳城建税、企业所得税等地方各税费 285 万元，少代扣代缴法定代表人个人所得税 7.18 万元。

该企业少缴上述税款的行为被税务机关定性为偷税，同时税务机关对其作出处罚：追缴税（费）款 723.18 万元，并处所偷税款 50% 罚款，按日加收滞纳金，并以涉嫌偷税罪将其移送公安机关。该企业的法定代表人被判处有期徒刑一年零六个月。

导师指津

新《税收征收管理法》及其实施细则对税后违法行为做出有细致的处罚规定，税务机关在法定职权范围内有权实施以下 3 种处罚：

1. 申戒罚

申戒罚是影响违法者声誉的处罚，是行政机关对行政违法行为人提出谴责、警告，时期引起警惕，防止其继续违法的措施。

《税收征收管理法实施细则》：县级以上各级税务机关应当将纳税人的欠税情况，在办税场所或者广播、电视、报纸、期刊、网络等新闻媒体上定期公告。

2. 财产罚

财产罚是指行政机关依法剥夺行政违法人财产权利的一种处罚，包括罚款、没收非法所得、没收非法财产。

新《税收征收管理法》：纳税人有下列行为之一的，由税务机关责令限期改正，可以处 2 000 元以下的罚款；情节严重的，处 2000 元以上 10 000 元以下的罚款：

- 未按照规定的期限申报办理税务登记、变更或者注销登记的；
- 未按照规定设置、保管账簿或者保管记账凭证和有关资料的；
- 未按照规定将财务、会计制度或者财务、会计处理办法和会计核算软件报送税务机关备查的；

- 未按照规定将其全部银行账号向税务机关报告的；
- 未按照规定安装、使用税控装置，或者损毁或者擅自改动税控装置的。

纳税人未按照规定使用税务登记证件，或者转借、涂改、损毁、买卖、伪造税务登记证件的，处 2 000 元以上 10 000 元以下的罚款；情节严重的，处 10 000 元以上 50 000 元以下的罚款。

对纳税人偷税的，由税务机关追缴其不缴或者少缴的税款、滞纳金，并处不缴或者少缴的税款 50%以上五倍以下的罚款；构成犯罪的，依法追究刑事责任。

3. 能力罚

能力罚是指行政机关对违反行政法规规范的行政向对方所采取的限制或者剥夺特定行为能力的制裁措施，是一种较为严厉的行政处罚。

新《税收征收管理法》：纳税人不办理税务登记的，由税务机关责令限期改正；逾期不改正的，经税务机关提请，由工商行政管理机关吊销其营业执照。

第八章

"互联网+"下的创业密码
——互联网思维

一场名为"互联网+"的风潮正席卷产业及资本，犹如一针兴奋剂，打在了每一个创业者和投资者的身上。对于企业经营来说，互联网不仅是一种技术，是一种产业，更是一种思想，是一种价值观，是创造明天的外在动力。互联网思维是一种方法论，将它总结为七个字，就是"专注、极致、口碑、快"！

创业导师观点分享：雷 军 小米创始人

"在互联网的风口下，猪都能飞起来。"飞猪理论最早是我说的，但这并不是鼓励大家去追赶浪潮，做机会主义者。而是应该在你基本功已经很扎实的前提下，不仅要低头拉车，更要抬头看看风向，选择自己的路。

对于"互联网+"，它真正的本质是用互联网的价值观、方法论和技术手段重构实体经济。"互联网+"的思维实际上是：用户至上、体验至上、高效率运转的思维方式。

一、互联网+：新时代下的创新商业模式

"互联网＋"是一种新的经济形态，即充分发挥互联网在生产要素配置中的优化和集成作用，将互联网的创新成果深度融合于经济社会各领域之中，提升实体经济的创新力和生产力，形成更广泛的以互联网为基础设施和实现工具的经济发展新形态。

通俗来说，"互联网＋"就是"互联网＋各个传统行业"，但这并不是两者简单地相加，而是利用信息技术及互联网平台，让互联网与传统行业进行深度融合创造新的发展生态。

经典案例

"西少爷肉夹馍"是一家有着互联网基因的餐饮企业，它由三名西安交通大学本科毕业生创办，主营以西北小吃为主的小吃美食，如肉夹馍、擀面皮、冰封、胡辣汤等。

2014 年 4 月 6 日，西少爷在其官方公众号上发出第一篇文章《我为什么要辞职去卖肉夹馍》，引起热转，累计转发超 100 万次。

2014 年 4 月 8 日，在北京市海淀区五道口莲花广场西少爷五道口店正式开业。由于之前微信造势形成的大量转发，以及其亲民的促销策略，西少爷原计划一整天销售 1 000 个肉夹馍，在中午 11 点即售罄，当日累计售出 2 300 个肉夹馍。

至 2015 年 6 月，西少爷肉夹馍经过短短半年的发展，已经在北京拥有了 5 家门店，规模从最初的 7 名员工发展为拥有 80 多名员工的中型公司。

谈及为什么要以卖肉夹馍创业，西少爷肉夹馍的创始者给出了三点原因：

其一，餐饮是社会消费中的刚性需求；其二，中国经济的发展为中餐带来机遇；其三，互联网的发展为创业者带来了新的创业机遇。

导师指津

互联网为创业者提供了一个比较公平、公正的平台，只要有创意、有一定

的启动资金都可以在互联网上放手大干一场。

互联网创业不比现实中的创业，"互联网+"下的创业要注重以下 3 点：

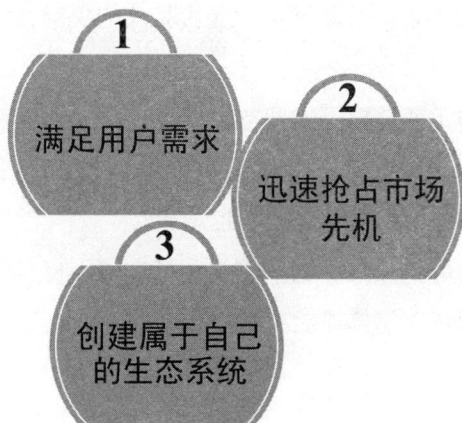

満足用户需求

迅速抢占市场先机

创建属于自己的生态系统

1. 满足用户需求

虽说互联网创业和现实中的创业存在一些区别，但有一点是共通的，那就是：只有满足用户需求的产品才能最终留住用户，也只有留住用户才能实现相应的利益回报。

因此，互联网创业首先应该明确的一点就是，现在所做的所谓创业能否满足及解决用户的具体实际需求。解决用户需求，这需要清晰地了解和透析用户心理，准确地获取其需求是创业成功的必备要素，也是真正互联网创业的第一步。这一步，创业者必须走好，因为这将决定你艰辛付出之后的成就如何。

2. 迅速抢占市场先机

想法如果不付诸以实际行动，永远都不可能实现。如果你脑中的想法只停留在想的层面上，那么你就会丧失先机，最后丧失成功的机会。很多人的行为都是这样的：今天心中有一个好的想法，于是就想没事，明天再做，反正自己还年轻，有的是时间。这种想法是明显错误的，也是极为不可取的。

有了想法之后，就应该用行动来抢占先机，这个社会是快鱼吃慢鱼的社会。有了想法就要立刻行动，这样才能抢占先机。

3. 创建属于自己的生态系统

随着互联网与各行业的融合进一步加深，互联网公司单一的运营模式已经不能满足如今的社会需求。互联网创业能否长久的关键在于能否创建属于自身的生态系统。

比如，腾讯创造了适合自己的一条生态圈，通过 QQ 积累用户从而发展其他产业，形成属于自身的竞争力，也就打造了属于腾讯自身的生态圈；阿里巴巴的"淘宝—支付宝—余额宝"生态圈也是如此。

企业想要得到更好的发展，必须创建和打造属于自身的生态圈。也就是打造属于自身的生态系统，这样才能实现更长远的发展。

二、用户思维：体验至上，以用户为中心

所谓用户思维，就是在各个价值链环节中都要做到以"用户为中心"去思考问题。

"以用户为中心"的用户思维不仅体现在产品品牌层面，还体现在市场定位、产品规划、组织设计、产品研发、生产销售和售后服务等各个环节。

简单地说，就是用户要什么你就给他什么，用户什么时候要，你就要什么时候给，用户要得少，你可以给多点儿，用户没想到的，你却事先考虑到了。

用户思维是互联网思维的核心，指导的是经营理念和消费者的层次。

经典案例

世界杯在全世界掀起收视狂潮的时候，也意味着球迷们正在享受着日夜颠倒、连续熬夜、痛并快乐的生活。打破规律的生活作息给球迷们带了诸多副作用，熬夜吹空调给身体造成损伤尤为严重，许多球迷在空调的"凌厉攻势"下产生空调病症状。

而在巴西世界杯期间，球迷们有了健康看球措施，海尔天樽空调一起"凉而不冷，不得空调病"的特点备受欢迎，甚至被网友们戏称为"看球三大件"之一。

天樽空调创新的"空穴来风"设计，使冷热空气在机身内部预先进行混合后再吹出，从而使最终到达人体的空气始终维持在 21℃的最佳温度，从而让用户避免了强烈的冷热刺激。同时天樽空调内部设置有睡眠曲线功能，会根据人体温度的变化对温度进行自动调节，可以让球迷们在夜间放心使用，避免着凉。

另外，天樽空调独特的清洁 PM2.5、终结空调病等功能也是备受用户关注的焦点。

海尔天樽空调是"用户使用痛点"和"用户交互思维"双层驱动下的产物，它的研发理念和功能设置均以用户的需求为出发点，根据用户需求进行研发，让天樽的每一项功能都有的放矢，使空调的使用变人控制空调的被动模式为"空调适应人"的主动模式。

海尔天樽空调的创新来源就是运用互联网战略，拉近与用户之间的距离，采取交互模式让用户参与到产品研发中，保证产品精准的用户定位，这样生成出来的产品就是用户需要的。

导师指津

用户思维要围绕 3 个核心问题来展开：

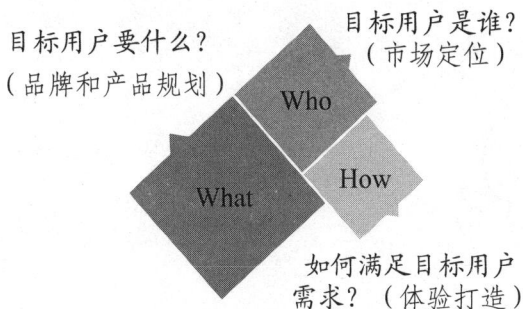

目标用户要什么？
（品牌和产品规划）

目标用户是谁？
（市场定位）

Who

What

How

如何满足目标用户
需求？（体验打造）

1. 市场定位——长尾人群

互联网经济是一种"长尾经济"，这就意味着进行市场定位要关注"长尾人群"的需求。

长尾人群以前指的是草根一族，现在就是指"屌丝人群"。他们是互联网上的"长尾"，他们的单个消费能力不强，但是通过互联网聚合起来，就会产生强大的消费能力和影响力。

因此，要想企业做大做强，就必须抓住"屌丝"人群，了解他们的心态和需求。

2. 品牌和产品规划——参与感

"屌丝群体"需要的是参与感，于是就需要向他们兜售参与感。有两种模式：

C2B 模式，按照需求来定制，让用户参与产品创新，为用户提供符合他们个性需求的产品；

粉丝经济，让用户参与到品牌建设。粉丝是品牌的一部分，二者密不可分，创建品牌要和经营粉丝的过程紧密融合在一起。

3. 体验打造——用户体验至上

要从细节开始打造用户体验，并将用户体验贯穿在每一个细节中，让用户感知到，并且要超过用户的预期感知，能给用户带来惊喜。

三、简约思维：少即是多，专注小而美

简约思维是指在产品规划和品牌定位中，要力求简单、专注；在产品设计上要简洁、简约。

在信息爆炸的互联网时代，消费者有太多的选择，但选择时间短，他们的耐心越来越少，产品和服务必须要能在短时间内抓住用户。

经典案例

Roseonly 是最近很火的一个定位高端人群的高端玫瑰及珠宝品牌，它专注于打造爱情信物，以"一生只送一人"为理念，打造鲜花玫瑰、永生玫瑰、玫瑰珠宝三大主线系列，注册后绑定指定收礼人，终生不能更改，以"信者得爱，爱是唯一"为主张，用万里挑一的奢侈玫瑰、高级手工玫瑰珠宝，献给相信真爱的情侣。

创始人蒲易在培育 Roseonly 品牌的过程中，放弃了做团购的机会，放弃了

B2B 礼品生意，放弃了将 Roseonly 拓展为爱情以外、送亲戚朋友的产品，而是以爱情唯一的理念切入市场，专注在爱情唯一的理念的追求和传递上，一路上得到了很多鼓励和认可。2013 年 2 月 Roseonly 上线，只经过半年就做到了月销售额近 1 000 万元的规模。

大道至简，越简单的东西越容易传播，越难做。Roseonly 放弃了很多在别的领域发展的机会，始终专注传递"爱情唯一，一生只送一人"的理念，填补了鲜花品牌的空白。

导师指津

要想做到简约，需要遵循以下 2 个法则：专注、少即是美。

1. 专注

专注要从两个方面来出发：产品线规划和品牌定位。

产品线规划要专注，就是指为了完成一件事情，在一定时期内集中力量实现突破。决定一切的是效率和速度，因此相较于选择做什么，选择不做什么更重要，如何用最短的时间抓住关键点更重要。

品牌定位要专注就是只需给消费者一个选择你的理由就足够了。消费者所能接受的信息是有限的，他们讨厌复杂，喜欢简单，追求从众，只要定位明确才能形成并培养稳定的用户群。

2. 少即是美

在产品设计上要做减法，产品的外观设计要简洁，内在部分操作流程要简化。

四、迭代思维：微＋快，即时把握用户需求

迭代思维主要体现在两个层面"微"和"快"。

所谓"微"，是指从小处着眼，开展微创新；所谓"快"，是指要能快速对消费者的需求做出反应，使产品更容易贴近消费者。

经典案例

为了拉近与米粉之间的距离，小米建立有自己的线下网点——小米之家。

众所周知，小米的王牌 MIUI 系统每周都会迭代升级，其实小米之家也是遵循着迭代的传统，以适应年轻人的个性追求。

1.0 版的小米之家面积较小，以橙色海洋为主色调，采用"沙发＋台灯＋木地板"的家居风格，侧重于自提和维修服务。

在 1.0 的版本中大面积的橙色容易对用户的情绪造成干扰，因此在后来的 2.0 中大幅度减少了橙色的运用，引入新的视觉系统，并划分了功能区。

3.0 的版本大幅提升体验功能，增加了体验台、配件台等模块。

4.0 的版本更注重工业设计感，如采用裸顶天花板设计，以增强空间感，体验台采用质朴的原木纹设计，还增加了个性化的电视体验间等。

虽然传统零售行业的终端店铺也不乏升级换代的做法，但像小米一样在两年内就能升级到 4.0 版本的并不多见。

导师指津

运用迭代思维，就要抓住"微"和"快"两个层面。

小处入手，微创新

快速迭代

1．小处入手，微创新

从细微的用户需求入手，找到用户心中最需要的那个点，把一个问题解决好有时往往能达到四两拨千斤的作用，这个单个的突破点就是微创新。多个微创新积累起来，即可引发质变，形成变革式创新。

如何才能做好微创新呢？以下几点作为参考：

- 以普通用户的眼光去看待产品；
- 从细微需求出发，将有限的精力解决用户的关键需求；
- 先做可行的、自己能做的产品。

2．快速迭代

互联网时代客户需求变化迅速，只有对客户给出的反馈快速做出反应，并进行调整，生产出来的产品或服务才能更容易贴近消费者的心理。

对于传统企业而言，重要的是要有迭代意识，企业要能及时关注消费者的需求，实时把握消费者需求的变化。

五、极致思维：就是要让用户尖叫

所谓极致，就是要把产品和服务做到最好，超越用户的预期，让用户感觉到惊喜。

好的产品会说话，自然会形成口碑传播，自传起来。产品和服务只有做到极致，才能真正赢得消费者。

经典案例

2013年5月20日，雕爷牛腩正式营业，这是一家有互联网基因的餐厅。在菜品和餐具上，尤其是细节方面，雕爷都花了大心思。而这些细节充分体现出互联网的精神，围绕用户需求，把产品体验做到极致。

菜品：主打牛腩的秘制配方，菜单简单、精悍，同时不断更新，每月一小换，一个季度一大换，为顾客打造最新鲜的味觉体验。

茶水：为男性顾客提供西湖龙井、冻顶乌龙、茉莉香片、云南普洱四种茶水。味道从清到重，颜色从淡到浓，工艺从不发酵、半发酵到全发酵。而女性顾客在餐厅则能同时享受到洛神玫瑰、薰衣草红茶、洋甘菊金莲花三种花茶。茶水均不用付费，可无限续杯。

米饭：有日本越光稻、泰国香米、蟹田糙米，三种米均为纯生态，可免费无限吃。

筷子：用的是缅甸"鸡翅木"，上面激光蚀刻"雕爷牛腩"。每双筷子都是全新的，用餐完毕筷子和牙签放入一个精致的纸套，可以带回家当留念。

碗：用的是有发明专利的碗，上方很厚重，很粗糙，端着手感好，对着嘴喝汤的三分之一，则很薄、很光滑。在8点20位置，开了个拇指斜槽，方便卡住汤勺。

炖牛腩的锅，也申请了发明专利，刀、吃甜点的小壶、托盘、勺子，也都非常讲究。总之，雕爷牛腩的细节做得相当精致有品位，每一样都有讲究。雕爷这么做的核心想法就是为顾客提供超越预期满意度的优质产品和服务，追求极致的精神。

导师指津

如何运用好极致思维呢？一是产品极致，二是服务极致。

产品极致

服务极致

1. 产品极致

要打造极致的产品，懂得抓住用户的痛点、痒点或兴奋点。一定要想清楚自己解决的问题是不是属于消费者的刚性需求。用户没想到的事情比用户想到的事情更有意义，更能让用户尖叫。

2. 服务极致

除了产品本身，服务及产品各个环节的体验也同样重要，在服务环节也要做到极致。

要想提供极致的服务就应该了解客户的内心世界，这样才能用超越用户预期的服务打动服务，进而通过服务为产品形成口碑，实现传播营销。

六、大数据：终结直觉，用大数据布局创业策略

大数据是指所涉及的资料量规模巨大，无法在可承受的时间范围内用常规软件工具进行捕捉、管理和处理的数据集合，是需要新处理模式才能具有更强的决策力、洞察发现力和流程优化能力的海量、高增长率和多样化的信息资产。

IBM 提出大数据具有 5V 特点：Volume（大量）、Velocity（高速）、Variety（多样）、Value（价值）和 Veracity（真实性）。

经典案例

位于东莞的文华制衣厂正在开展二次创业，并成立了广东比郎网络科技有限公司，专业负责研发服装定制系统。

智能纸样系统是服装定制系统的关键点，为了能将 20 多年的代工经营通过程序语言用电脑代替手工绘制纸样，文华制衣厂的纸样师傅与 IT 公司的研发人员对智能纸样方案进行反复商讨和修改。

纸样设计是一个非常复杂的工程，每个细节都有自己的逻辑关系。例如，袖子的设计，点与点之间的连接方法，点与线之间的连接方法，根据不同身型对点和线之间的连接进行符合人体工学的微调，都是极其复杂的工作。

智能纸样系统研发成功后，通过比郎 APP 私人定制的西装和衬衫，其价格较市场同类产品便宜 30%~50%。为了继续收集顾客的穿衣数据，比郎科技也建立了线下体验门店。

同时比郎科技将目光防止海外定制市场的大数据蓝海，利用 APP 的大数据功能开展全球订单互联化，数据不仅与东莞本地的文华制衣厂对接，也将与订单所在地附近的工厂实现对接。

随后比郎还将在其定制平台上增加 POLO 衫、T 恤，未来还将向女装进军，继续扩容穿衣数据库，为产品设计和系统完善提供指导。

导师指津

大数据创业有哪些门槛呢？以下是创业者必须要了解的：

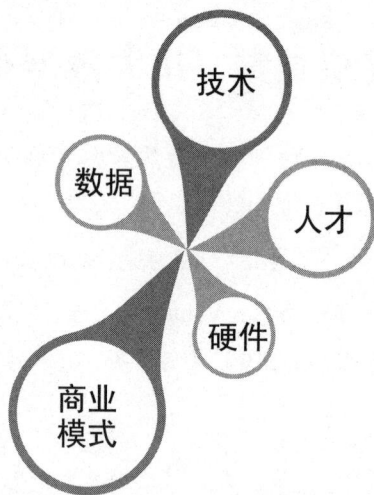

1. 数据

大数据的一大特点就是海量的数据规模，对于没有数据的创业者，要想利用大数据创业，可以通过以下几种办法获得数据：

- 从第三方购买数据，如数据堂；
- 利用爬虫爬回一些数据来存储；
- 通过给企业、开发者、站长等授权使用大数据工具来积累数据。
- 使用免费的企业、政府和机构的开放数据。

2. 硬件

大数据具有惊人的存储量，这对机房和硬件设备提出了较高要求，出于安全因素和产权因素的考虑，你不能将自己的数据存储在别人的云服务上，因此大数据创业硬件是一个比较高的门槛。

3．人才

和做 APP 不一样，大数据创业需要的人才更多，通常一个初创企业至少需要 10~15 人的工程师团队，要包括 Hadoop 工程师、算法工程师、数据建模工程师、架构师、NoSQL 工程师、BI 工程师等，这些全都是技术要求较高、薪资要求也很高的人才。

4．技术

大数据技术不是只要懂得 C++或 R 语言就足够了，它拥有一整套自己的技术体系，包括统计、编程、数据库、算法、JAVA、Hadoop、Spark、NoSQL、自然语言处理、数据可视化等技术。单是 Hadoop 就需要多项技术和编程语言，且市面上每种大数据工具所使用的也有所差异，用开源软件或用 SAP 需要的技术也不一样。

大数据有较高的技术要求，而拥有大数据综合技术的人才相对短缺，因此人才匮乏是制约大数据创业的一大问题。

5．商业模式

大数据创业不单单是有钱、有数据、有人才也有技术就能行的，创业者需要清楚的是自己可以利用手中的数据做什么。目前来说，大数据并没有最明朗、最直接的商业模式，大数据只有与业务场合相结合，才能产生价值。

清楚了上述几点，利用大数据创业就要从以下几点出发：

● 找到大数据商业突破口，对自己要用大数据解决什么问题，用户是谁，商业逻辑是什么要有清晰的认识；

● 拥有足够的启动资金；

● 自己掌握一些大数据相关技术；

● 找到几个可以与自己同甘共苦的合作者；

● 找到自己的数据来源，最好是独家的数据来源。

七、风口：创业不站在风口上，怎么才能飞起来

"站在'台风口'，就是一头猪都能飞得起来"是小米科技创始人雷军在"2013（第十二届）中国企业领袖年会"上做主题演讲时最早提出的一个比喻。此后，"站在台风口，猪都能飞起来"就称为科技业最流行的时髦语。

雷军一直在做"借势营销"，借势占据了风口，就成为那头"飞猪"。雷军所说的"台风口"其实是指发展机遇，如果想让自己的企业获得成功，就要寻找属于自己的"台风口"。

经典案例

站在互联网创业的风口，许多创业者都获得了令人艳羡的成功。然而，即使在这所谓"创业的最好时代"，失败的创业者仍然远远多于成功的创业者。为什么风来了，猪却没能飞起来？反思这些失败的案例，或许可以让我们在狂躁的互联网风潮下走得更好。

从2010年开始兴起的团购，到了2013年有些格局初定，在美团网高调宣布销售额突破1亿元的背后，有多少团购网站黯然落幕？在2013年的失意者包括24券、拉手网等，当然还有各地大大小小的团购，毕竟"千团大战"是昙花一现。

24券是曾经的团购大佬、常年位居销售额前十名，在2012年下半年开始外部面临业绩压力、内部面临和股东的矛盾，最后在2013年1月正式关闭网站。

拉手网是同时期的另一家团购巨头、销售额曾多次位居前三名，也是从2012年下半年开始，先是创始人吴波离职，然后是拉手网取消IPO、内部裁员、业务调整和布局O2O等，拉手网的2013年也是阵痛之中。

团购领域的创业，太值得创业者们反思，短短3年，多少资金、多少人力，失去理性的跃进背后，终归承载不了现实的残酷。

导师指津

要创业并获得成功，抓住风口，需要创业者有以下3个方面的素质：

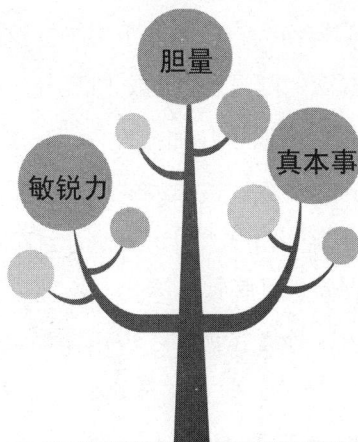

1. 敏锐力

当机遇的"台风"吹来时，要及时抓住并主动利用适合自己的机遇，学会乘机遇的东风。

如果机遇不明显或尚未出现，还要能寻找并发现机遇，甚至是创造机遇，鼓动"台风"吹起来，并准确地找到"台风口"。

2. 胆量

当机遇来临时，要有抓住机遇的胆量，换句话说，就是当你站在风口时要敢于去飞，要有豁出去的精神，不瞻前顾后，不患得患失，不畏首畏尾。

3. 真本事

真本事首先是指要有能抓住机遇，借着"台风"飞来的本事，而飞起来之后，怎么样让自己"飞"着不掉下来才是问题的核心。创业者不仅要能借助机遇让自己保持飞翔，还要能让自己飞得稳、飞得高，这就是要靠真本事。

八、O2O：从线下到线上的新商业模式

O2O 模式又称为离线商务模式，是指线上营销线上购买带动线下经营和线下消费。O2O 通过打折、提供信息、服务预订等方式，把线下商店的消息推送

给互联网用户，从而将他们转换为自己的线下客户，这就特别适合必须到店消费的商品和服务，比如，餐饮、健身、看电影和演出、美容美发、摄影等。

具体来说，O2O营销模式有以下几种：

线上交易到线下体验：这种模式最典型的代表是团购，团购成功的本质就是实现了薄利多销，从产业链的角度去思考就是通过节省运营成本实现盈利，通常用于消费淡季，单品爆破、品牌宣传等。

线下营销到线上交易：这种模式被广泛应用在知名的互联网企业，比如，淘宝、凡客等，看起来非常简单，但其实风险很大，原因有两点：

第一，有些企业没有把线上交易的支付信任体系做好，就贸然进入O2O，就算线下营销做得再好，也没人敢在线上消费；

第二，线下营销的成本就是空间资源，比如，地铁广告位、店面等，由于资源稀缺，成本极高，如果没有足够的钱，就根本无法运作起来。

线下营销到线上交易再到线下消费体验：这种模式一般以中介操作为主，以苏宁、国美为代表，它们走的是平台战略。但其平台战略跟阿里巴巴、腾讯的不一样，阿里巴巴、腾讯注重的是到手产品的性价比，而这种模式更注重的是线下服务体验。

经典案例

在移动互联网的冲击下，七天连锁酒店也在发生着剧烈的变革，首当其冲的便是颠覆传统的电话预定模式。目前，七天酒店的微信上约有200万会员，日均订单约5 000个。相比原来的电话预定模式，微信服务号的形式解决了大量问题。目前，七天酒店的微信团队约有30人，随着微信订单量的逐渐提升，七天酒店正在不断削减其原有电话预定团队。

而七天推广其微信定房间的方式则非常简单，关注七天微信号并预定成功预定房间的用户将在到店后额外得到一瓶矿泉水。如此简单的吸引方式，最终提高了七天酒店在预定、会员服务上的运营效率。

导师指津

O2O创业要抓住以下8个切入点：

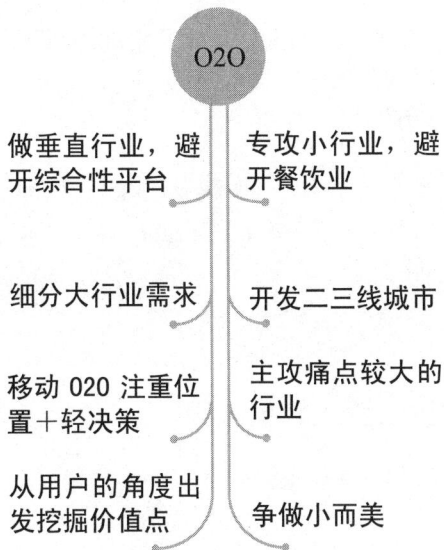

1. 做垂直行业，避开综合性平台

要想做好一个综合型 O2O 平台需要具备多项基础条件，除了足够的资金和技术实力，还包括用户基础、商家资源或地推力量、支付工具及地图。从这几点来看，做一个综合性的 O2O 平台基本上是只有淘宝、腾讯等巨头才可以实现的，对于一般创业者而言，很难拥有这些基础条件，因此最好选择一个垂直行业，做到巨头们也无法达到的深度才更容易成功。

2. 专攻小行业，避免餐饮业

餐饮 O2O 是目前竞争最白热化的一个领域，餐饮商家众多，开发商家压力较大，且餐饮企业信息化不标准、不规范，和线上对接不易。

而很多服务业，相对于餐饮行业来说要"简单"，开发几十个商家即可，且竞争也较少，利润空间可观。因此，对于创业者来说，应该重点考虑小行业，避免竞争激烈的餐饮业。

3. 细分大行业需求

餐饮等竞争激烈的大行业也并非绝对不能考虑，但若想做好应该尽量做好行业需求细分，不能一味地模仿大众点评、团购、淘宝等模式，而应该尝试挖掘一些小众、个性化的需求，或结合社会化元素进行创新。

4. 开发二三线城市

目前 O2O 巨头都集中在北上广等一线城市发力，短时间内无瑕顾忌二三线的城市，也就为创业者留下了二三线城市的窗口期。创业者若是能抓住这个机会并发展起来，即使日后巨头们扩展到二三线城市，本地的创业团队也早已有了一定的实力与之抗衡。

5. 移动 O2O 注重位置＋轻小决策

通过移动互联网实现 O2O 关键要做好"位置"和"轻决策"的完美结合。

一般来说，用户通过手机选择、购买服务基本上是一些比较轻小的决策，比如，唱 KTV、吃饭、看电影等，这些决策对位置的要求比较迫切，就近原则是最大的考虑范围。而对于那些比较重大的决策，又如，买房、找装修等，一般很少有人通过手机来决策，且这类用户对位置也没有太高的要求。

6. 主攻痛点较大的行业

服务行业都存在着一些或大或小的痛点，像餐饮业，由于大众点评、美团等平台已经将消费体验提升到一定高度，其痛点相对要小。

而 58 同城等分类信息网站的服务缺少交易点评，只有一些杂乱劣质的信息罗列，因此这些行业的痛点就比较大，这类服务 O2O 的用户体验就有较大的提升空间，更容易吸引用户甚至改变用户的习惯。

7. 从用户的角度出发挖掘价值点

团购思维是大多数 O2O 必走之路，动不动就让商家优惠、打折、让利，但是单纯地用优惠吸引用户，不会给商家带来长远价值，商家服务积极性降低，用户体验变差，最终导致用户逐渐流失。

O2O 创业应该从用户的角度出发挖掘价值点，贴心、快捷、服务质量有保障、交易安全、享受特权是多数用户所追求的，O2O 创业也应该从这些方面出发。

8．争做小而美

O2O 创业并不是规模越大越好，相反小一点、好一点更能赢得好口碑，不靠让利寻找消费者，而是用服务吸引用户。这样利润空间起来了，商家的价值也就更大了，认真把好质量关，保障用户的消费体验。

九、二维码应用：矩阵图形中蕴藏的商业密语

二维条码/二维码（2-dimensional bar code）是用某种特定的几何图形按一定规律在平面（二维方向上）分布的黑白相间的图形记录数据符号信息的；在代码编制上巧妙地利用构成计算机内部逻辑基础的"0"、"1"比特流的概念，使用若干个与二进制相对应的几何形体来表示文字数值信息，通过图像输入设备或光电扫描设备自动识读以实现信息自动处理。

二维码信息容量大，比普通的条码信息容量约高十几倍，它可实现的功能包括信息获取、网站跳转、广告推送、手机电商、防伪溯源、优惠促销、会员管理、手机支付。

经典案例

在韩国，零售巨人特易购（Tesco）公司在熙熙攘攘的地铁站里推出了"移动超级市场"。

这是一种你从未见过的购物模式，消费者们不需要支付宝不需要网银，他们要做的就是用智能手机扫描所需商品的二维码，即可将它们放进购物车里并通过手机结算，二十四小时之后商品就会被送到消费者指定的地点。凭借这一举措，特易购迅速成为韩国在线零售业的领跑者。

国内的一号店也学习了这种营销方式，在北京和上海的地铁通道里设置了二维码商品墙，消费者可以在等地铁同时逛超市，随时扫描看中的商品，然后通过手机支付直接下单即可。

导师指津

二维码应用主要分为以下两种：

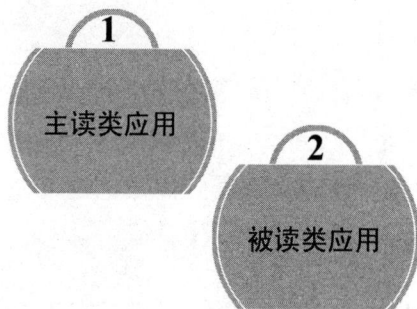

1. 主读类应用（手机扫码）

二维码主读类应用是指将安装有识读软件的手机作为识读二维码的工具，用户用手机扫描后识读各类二维码图像中包含的信息。这类应用主要用在以下几个方面：

（1）**溯源**：食品生产商为每个食品分配条码，并与质量认证机构分别为每种食品录入详细信息、认证状况等。消费者通过扫码即可查询食品生产源和认证信息。

（2）**防伪**：在票据、证件及高价值的产品上印上二维码，并以识读客户端和后台的验码系统为辅助，即可形成信息化的防伪标识。

（3）**广告营销**：将包含促销信息、产品介绍或企业网站的二维码印在宣传资料、杂志、报刊、公交站牌等地方，用户通过手机扫码即可快速访问网站，或阅读商品信息。

（4）**电子名片**：将包含姓名、地址、联系方式、电子邮件等信息以二维码的形式印在纸质名片上，用户即可直接通过手机扫描将二维码中包含的信息收藏到手机中。

（5）**购物直通车**：将产品配合二维码展示在面积较大的平面广告上，用户通过手机扫码可以直接完成下单、支付等订购活动。

2. 被读类应用（电子凭证）

被读类应用通常是在手机中存储二维码，以此作为进行电子交易或支付的凭证，比较广泛应用于金融支付、电子商务和团购消费领域：

（1）**积分兑换**：企业以二维码凭证的方式向用户手机发送积分兑换商品或服务，用户到指定的地点凭码即可兑换商品或享受服务。

（2）**团购购物**：团购网站将二维码作为购物凭证，消费者在线付款后可收到二维码购物凭证，然后到商家实体店凭码进行消费。

（3）**会员凭证**：企业将二维码短彩信作为会员凭证，会员凭借存储在手机上的二维码即可在特定场所享受会员服务。

（4）**电子票**：消费者通过移动互联网、电话等方式实现移动订票，然后通过手机接收二维码短彩信形式的电子票，到指定地点后可凭借手机上的二维码电子票验票进场。

（5）**电子签到**：企业将带有参会人员基本信息的二维码发送到他们的手中，参会人员使用手机中的二维码即可进行会议签到认证。

十、颠覆式创新：体验与商业模式从量到质的蜕变

颠覆式创新，是指在传统创新、破坏式创新和微创新的基础之上，由量变导致质变，从逐渐改变到最终实现颠覆，通过创新实现从原有的模式完全蜕变为一种全新的模式和全新的价值链。

颠覆式创新强调打破原有的平衡，建立新秩序。它就像自然界的新陈代谢一样，不断把老的、旧的公司从行业中挤出去。颠覆式创新刚出生时不一定是完美的，更不一定是先进的，但它一定在某个点上做到了极致。

颠覆式创新有四个重要特征：把一个很贵的东西做得很便宜、把一个收费的东西做成免费的东西、把原来一个很难获得的东西变得很容易获得、把原来一个很难用的东西变得非常简单。

经典案例

颠覆式创新的关键点有两点：体验上的创新和商业模式上的创新。

1. **体验创新**

iPad 是体验创新的典型代表，它被人感叹是对笔记本的颠覆，但其实 iPad 也

存在很多缺点，它没有鼠标和键盘，如果用它来做 PPT 商业演示文稿是一件非常不方便的事情，当然它还有其他很多不能干的事情。但是它具有便于携带的优点，人都是懒惰的，能带 iPad 出门，肯定不带笔记本，这就是 iPad 的体验创新。

2. 商业模式创新

商业模式上的颠覆就是找准行业的死穴，打破传统的商业模式，创立新的模式，让对手无法抄袭和反击。例如，当年淘宝用免费颠覆 eBay，360 用免费杀毒软件占据中国互联网安全领域最大的市场份额。

商业模式上的创新除了用免费模式，也可以是将免费变为收费。比如，当其他频道都是以免费节目加广告为主要模式的时候，HBO 推出无广告但节目收费的模式也取得了成功。

导师指津

颠覆性创新的两个重点是体验创新与商业模式创新。创业者应该不停地从小处改进自己的产品，积累到一定程度后才能产生颠覆性创新。而在商业模式上，创业者把收费的东西变成免费的，把复杂应用做简单，就是颠覆性创新。

现在很多创业者一味去寻找所谓的"蓝海"，但"蓝海"其实是一种心理状态，而非创业者凭空去创造出一种从来没有的东西，而是持续去改进一个东西。从体验角度出发，持续打磨产品是每个公司都必须要做的。

十一、跨界与融合："互联网+"的世界里无行业壁垒

跨界不是文化艺术领域、娱乐时尚圈的活动，在资本市场与实业界同样适用。苏宁转型做电商，互联网企业养各类"宝宝"，马云投资足球等都是跨界的表现。跨界与融合是中国经济升级的大趋势。

移动互联网时代，互联网对传统企业的改造在碰撞和融合中悄然发生，企业间、产业间跨界合作将会越来越密切。中国的互联网巨头们已经开始一系列应对跨界趋势的并购。阿里巴巴已经开始众筹电影，在线教育、互联网金融、O2O……移动互联网大潮正以前所未有之势席卷传统行业。在融合与碰撞之间，

行业的横向整合和纵向重塑正在进行。

经典案例

2015 年 9 月，万达正式与腾讯达成合作，双方将致力于探索"互联网＋房地产"大背景下的跨界营销新模式。9 月 1 日，万达北京、大连、哈尔滨、长春、沈阳、郑州、西安等 30 个重点城市的所有在售楼盘将全面进驻腾讯房产微电商平台，启动"1 呼百应购房季"。据悉，接下来双方将继续在互联网金融、社区 O2O 等多个领域展开深入合作。

对于已进入"白银时代"的传统房地产行业来说，寻求互联网转型已是大势所趋。与其他房企相比，商业地产龙头万达拥抱互联网的步伐异常迅速，公司的各条业务渠道都在积极探索与互联网的结合。可以预见的是，此次万达与腾讯的合作，将进一步探索"互联网＋房地产"的实践新方式，为业界提供新的借鉴模式。

作为 6 000 亿规模的商业帝国，万达近年来的快速扩张动作背后，隐藏的是互联网化转型的迫切愿望。目前，电商业务已经成为万达四大核心业务线之一。而其"轻资产模式"和"服务型企业"的全新定位，也都需要依托互联网金融和大数据平台的支持。万达董事长王健林曾不止一次公开表达对于拥抱互联网的热忱，并且在电商、金融、文化旅游等业务领域进行了深入的探索实践。

与此同时，腾讯也一直在探索"互联网＋"在各领域的运用实践。8 月 7 日，腾讯正式发布"互联网＋房地产"行业解决方案，涵盖智慧住家、社区平台、管理聚合、会员特权、金融创新和精准营销等六大方案模块。同步上线的"腾讯房产微电商平台"，实现了与旧有"重电商"模式可叠加的线上轻电商模式，以其网络传播便捷性、电商活动趣味性等特质而受到业界广泛关注。

导师指津

"互联网＋"所体现的是一种新的发展理念，即将互联网中优秀的生产工具与各行业紧密结合，让互联网真正地渗入各个产业中，最后形成一个主体，没有主次之分。

1. 坚持应用型创新

企业做好应用型创新要从以下几点出发：

转变思维：要有与互联网融合的思维，主动推进"互联网＋"；

主动联合：主动与其他行业、合作伙伴取得联合；

开放心态："互联网＋"能使各领域、各行业产业资源获得整合，因此要以开放的心态主动与合作伙伴、产业创新人才联合合作；

应用数据：大数据将成为一种非常重要的资源，企业应该懂得收集、整理和应用数据。

2. 逐步推进"互联网+"

由浅入深、由易到难地推进"互联网＋"：

十二、粉丝经济：无粉丝，不品牌

粉丝经济泛指在社交网络时代，架构在粉丝和被关注者关系之上的经营性创收行为，通常情况下有着较高知名度的明星、偶像和行业名人是社交平台上被关注的热点，并因此有着很高的经济价值。

经典案例

小米是粉丝经济的成功案例代表，它是如何利用粉丝经济获得成功的呢？

1. 建立社区，形成粉丝团

根据产品特点锁定一个圈子，吸引铁杆粉丝，逐步积累粉丝。

小米手机把用户定位于发烧友极客的圈子，在吸引粉丝的过程中，创使人会从自己的亲友、同事等熟人圈子先开始，逐步扩展，最后把雪球滚大。

锁定粉丝团人群后，小米建立起自己的论坛，用来吸引发烧友，微博被作为扩展粉丝团的重要阵地。

2. 针对铁杆粉丝进行内测

积累一定规模的粉丝后，根据铁杆粉丝的需求设计相关产品，并进行小规模产品内测。让铁杆粉丝参与内测，并收集他们的反馈意见，设计部门参考反馈意见完善产品。

由于第一批手机投放市场的数量有限，抢到的用户难免会在朋友圈或微博晒一下，因此这些用户还会起到口碑传播的作用。

3. 大规模量产和预售

这是最重要的一个环节，一般要做好 3 件事情：

产品发布会： 由董事长雷军亲自上阵讲解产品，并邀请高通等配件厂商助阵，大量米粉参与，众多媒体记者和意见领袖围观，让其成为社交网络话题讨论的焦点。

新产品社会化营销： 在最炙手可热的平台对产品进行传播和推广，如新浪微博、微信、QQ 社区等。

线下渠道发售： 和其他传统手机厂商一样，正常铺货，在线下手机市场发售手机。

4. 连接粉丝，形成社群

按照互联网思维，小米手机将售出的善品连接了起来，形成一个体系。

小米公司通过 MIUI 系统把成千上万的米粉联结在一起，了解其他米粉在说什么，在做什么，在用什么，整个米粉群体就变成一个互相链接、很大规模的社群。而这个社群的衣食住行，都可以变成小米公司新的收入来源和商业模式。

5. 扩展生态系统

基于软件扩展思维和米粉社群，小米手机在产业外围进行扩展，表现为小米软件商店、小米支付、小米路由器等整个基础设施的日益完善。

对于小米这类互联网公司而言，基于互联网思维的每一个扩展，就好比是开启一个新型商业模式的接口，都可能变成商业收入新的来源和商业模式。

导师指津

作为新手创业者，应该如何利用粉丝经济做产品呢？可以参考以下 3 点：

1. 用粉丝团队为产品"铺路"

首先，粉丝不是与生俱来的，更不是从天上掉下来的，他们也是需要通过努力培养出来的，更需要经营和管理，才能使得粉丝忠诚追随于你；

其次，在经营和培养粉丝团队的过程中，需要积极地带动粉丝团队；

最后，应当重视粉丝质量而不是数量，在依靠粉丝做产品的过程中，选粉是一个重要的关键点。

2. 粉丝团队需要资金和精神上的支持

资金支持是粉丝团队的物质保障，精神支持就是粉丝团队需要打造自己的粉丝文化，粉丝文化的存在应该是紧紧围绕产品开展的，这也是对产品本身的补充，让其更加具有内涵和精神慰藉。

有了自己的粉丝团队，在产品竞争中出现问题，粉丝们永远是在竞争中为产品提供支撑的力量源泉。

3. 粉丝是下线，但更是消费者

粉丝经济不断崛起，商家都在将二次消费、三次消费的目标锁定在了粉丝群体。

把粉丝作为下线，一级推一级，这样推下去就是一张复杂的粉丝经济，因为粉丝也是消费者。这么好的"武器"岂能不充分挖掘呢？粉丝经济就是要达到一带十，十带百，百带千的传播，粉丝群体越庞大，经济效益越显著。